AF482458

Flavio Bretanha Freire

Conselho de Administração é só para as Grandes...
MENTIRA!

Uma proposta prática de Governança Corporativa para empresas familiares médias e pequenas

1ª Edição

Rio de Janeiro

Flavio Bretanha Freire

2021

Produção Editorial
Renato Lopes

Revisão Final e de Texto:
Davi Lopes Franco

Ilustrações
Lisandro Gaertner

Capa
Diagramação
Alexandre Portela

Impressão e Acabamento
Kirios Gráfica e Editora Ltda.

www.kirios.com.br

Dados de Publicação e Catalogação

Bretanha Freire, Flavio.

Conselho de Administração é só para as Grandes...MENTIRA!

Flavio Bretanha Freire.

Rio de Janeiro: 2021.
21c - 144p.

ISBN: 978-65-00-16801-3

650 – Administração.

Contato:
 www.luthconsultoria.com.br
 flavio-bretanha-40796439
 flaviobretanha@luth.com.br

SUMÁRIO

Dedico esse livro à minha mãe Sonia Bretanha, aos meus filhos, Luana e Matheus Bretanha, à minha esposa, Alessandra, e a todas as famílias empreendedoras que já viveram ou vão viver momentos em que espero ajudar com o conteúdo desse livro.

> " Agradeço o apoio do Professor Davi Lopes Franco pela revisão geral e ao genial Lisandro Gaertner pelas ilustrações. "

Sobre o Autor

- 30 anos no mercado;

- Empresário;

- Engenheiro formado pela UFF há 23 anos;

- Pós em Logística pela UFRJ;

- Mestre em Engenharia de Transporte pela UFRJ;

- Pós em Óleo e Gás pela UFRJ;

- Mais de 20 anos como executivo em grandes empresas;

- Professor Universitário;

- Dezenas de Cursos de curta duração, tais como o de Conselheiros na FDC e gerenciamento de equipes de alta performance em Wharton (University of Pennsylvania).

PREFÁCIO EM DEPOIMENTOS

Quando o profissional de sucesso Flávio Bretanha me pediu para ler e comentar o livro de pronto uma coisa me surpreendeu.

As expressões, Governança Corporativa, Conselho de Administração e Empresas Familiares, normalmente, nunca estão na mesma frase.

Se incorporar ainda conceitos ultra contemporâneos como de ESG, as condições ficam ainda mais raras. Um livro sobre este tema e com estas preocupações é mais que um livro – é um guia!

Nossa empresa, a Easy Live, pertence a um grupo com mais 13 empresas e cerca de 50 anos de tradição. Um Grupo Brasileiro e multifamiliar, com sucesso além fronteiras, um caso raro. Posso afirmar, sem receio de errar, que este livro aborda temas importantes do cotidiano empresarial...um guia, como afirmei acima, caso sua empresa queira realmente fazer um pacto com o sucesso.

Claudio Albuquerque
Sócio e CEO da Easy Live
Grupo Dreamers - Artplan, Rock in Rio, Dream Factory entre outros

O livro trata da Governança Corporativa aplicada em empresas familiares e isso significa o divisor de águas dessas estruturas orga   ais no caminho da modernização e do profissionalismo necessário para que se traga valor ao negócio e principalmente engajamento de todos os setores da empresa.

Maurício Xavier
Sócio Presidente da Hartmann TI

Flavio Bretanha demonstra de forma simples e direta a importância para pequenas e médias empresas de implantar sua governança com um (ho administração diverso e participativo.

Didaticamente leva o leitor para a construção dos benefícios advindos desta decisão, e também para a desconstrução da ideia de ser complexa e cara a sua implantação.

Cristina Pinho
Diretora Executiva do IBP, Conselheira de Administração e Presidente do Conselho Instituto Luisa Pinho Sartori

onselho de Administração é só para as grandes... MENTIRA!" veio totalmente a calhar com o momento que vivo em minha empresa, onde sou sócio de meu pai Edésio Martins Filho. Sei exatamente as dificuldades de um processo de sucessão, muito bem dissertadas em suas páginas.

O livro é muito instrutivo e objetivo, que consegue apontar os caminhos necessários para empresas familiares de pequeno e médio porte como a minha, não venham inexistir após a sua sucessão. O livro se propõe a mostrar um norte organizador para que seja possível a manutenção do trabalho empresarial-societário-familiar e ainda como reforçar as competências, profissionalizar o gerenciamento preservando o espaço dos familiares, superar as dificuldades e tornar as empresas familiares mais competitivas. O livro cita aspectos fundamentais para que a família possa buscar, conhecer e compreender os dinamismos complexos envolvidos, aprender a enfrentar os problemas de afetividades e emocionais das relações, mesmo que nem sempre racional e assumir a profissionalização como alternativa.

Após a leitura do livro percebi a necessidade imediata de implantar em minha empresa o CA (Conselho Administrativo), além de outras ações sugeridas pelo Autor, e com custos baixos o que aumenta o interesse. Estou sim muito satisfeito com o resultado do trabalho ainda mais porque é muito atualizado, conclusivo e aplicável ao meu momento.

Aproveito para agradecer a oportunidade de ler o trabalho em primeira mão e deixar aqui minha admiração pelo amigo, empresário e escritor Flávio Bretanha Freire.

Gerrad Loback Martins
Sócio e CEO na Montacon Engenharia

Parabéns Flávio Bretanha pela iniciativa e pela disposição de desmistificar um tema cada vez mais atual nas empresas brasileiras. O aum a longevidade de empreendedores, sejam eles patriarcas ou matriarcas, se encaixa harmoniosamente com a implantação de Conselhos de Administração, mesmo em empresas familiares e/ou sociedades limitadas. Essa passou a ser reconhecida como a forma mais eficaz e organizada de utilizar a sabedoria e experiência dos fundadores do negócio, na tomada de decisões estratégicas da empresa ao mesmo tempo em que prepara seu sucessor para tocar o dia a dia do negócio.

Eduardo Antonio Ferreira Manfredi
Sócio-Diretor da Manfredi Consulting Ltda e foi Conselheiro Fiscal e de Administração do Fundo de Pensão Multipatrocinado HSBC

Quero Parabenizar o Flavio Bretanha pela iniciativa de escrever o livro, pois o livro mostra o quanto é importante o Conselho de Administração para todas as empresas seja ela, pequena, média ou grande. Mostra como a atuação do Conselho de Administração é necessário para o desenvolvimento imparcial da empresa seja familiar ou não, ter a opinião de pessoas externas e capacitadas para o desenvolvimento. O livro aborda como a Tríade Base na organização da empresa pode trazer um grande ganho de capital. Quero agradecer ao Flavio por ter me dado a oportunidade de ser um dos primeiros a ler o livro.

Eduardo Maia
Sócio Presidente da Flowmax Filtros Indústrias

Existem diversos livros bons sobre governança corporativa no mercado, mas poucos voltados para empresas familiares. Em "Conselho de Administração é para as Grandes... MENTIRA!", Flavio consegue conciliar pesquisa científica com experiência prática em um texto conciso, atualizado e prazeroso de ler. Seu conteúdo pode ser visto como um misto de motivação e guia para a profissionalização da administração da empresa, no intuito de diminuir os conflitos familiares e aumentar a longevidade da empresa.

Maurício Mesquita Bortoluzzo

Prof. Dr. do curso de adm. em gestão fin. da Saint Paul Esc. de Neg.

O livro traz à tona uma reflexão pertinente e atual sobre a gestão das pequenas empresas, desnudando tabus e estigmas que cerc... .. .mpresas familiares no Brasil e, porque não dizer, no mundo todo.

Temas como sucessão, governança, separação família/negócios dentre outros, têm sido causadores de tensão, conflito e aflição desde sempre no mundo empresarial. Não à toa que uma parte expressiva da literatura sobre administração olha para esse assunto com uma lupa apontada, onde executivos reconhecidos no mercado como o próprio Flavio, jogam luz para que as "letrinhas miúdas" dessas relações venham à tona, provocando análises, debates, teses... mas, acima de tudo, decisões e ações que permitirão às empresas familiares continuarem suas sagas através do mundo capitalista. Parabéns, Flávio, por nos proporcionar mais conhecimen-to, esclarecimento e atualização das melhores práticas administrativas aplicadas a esse seguimento empresarial. E o meu muito obrigado por me dar a honra e o privilégio de ser um dos primeiros a ler seu livro.

Sanderley Vieira Fonseca
Sócio e CEO do fundo de Private Equity Shifon Empr. e Participações

Trata-se de um livro de fácil leitura e compreensão onde podemos identificar, em diversos momentos, a realidade de nossas empresas, tendo em vista que pensar em um CA (Conselho Administrativo) seria algo muito grande para o nosso negócio, coisa que na verdade não é, pensando do ponto de vista sucessório e social, já que uma empresa, seja ela pequena ou não, não existe apenas para atender o âmbito financeiro do criador e sim atender o âmbito financeiro de todos os envolvidos na empresa.

Sou criador de uma empresa familiar que existe há 26 anos e sempre pensei que um CA (Conselho Administrativo) seria pesado demais.

Essa leitura, muito claramente redigida pelo Flávio Bretanha nos mostra que pensar em um CA é parte importante e crucial para a manutenção de um negócio familiar.

Raphael Goes
Sócio Dir. da Topkit
Franq. da Todeschini na Zona Sul e Norte do RJ

Quando o Flavio Bretanha me pediu para dar um depoimento sobre o novo livro dele, pensei em como esse depoimento poderia ser relevante para o leitor.

Assim que o li, aliás, leitura fácil e rápida, percebi que era um retrato da realidade de diversas empresas de pequeno, médio e grande porte. "Governança Corporativa" é uma necessidade muito antiga, mas é um tema relativamente recente no meio acadêmico, e no universo empresarial. A minha experiência com conselhos é grande, tanto como executivo C-Level de grandes organizações, ou agora como Membro de Conselho Profissional de Empresas, e, portanto, posso garantir que esse livro trata do assunto de forma simples e prática, e que me fez lembrar de várias passagens marcantes que vivi, e vivo, durante a transição de empresas familiares para se tornarem grandes organizações profissionais.

Além disso, é um ótimo Guia para quem carece de boas práticas de gestão em seu negócio, seja pela falta de tempo de se dedicarem às questões que fogem do dia a dia da empresa, ou simplesmente por não saberem exatamente por onde começar a pensar em planejamento estratégico, futuro, sucessão, legado etc. Se você é um desses, seja pragmático e aproveite bem esse "manual".

Ricardo Noronha
Conselheiro da Embelleze, Professor e Consultor
Foi Diretor da Shoptime, Lojas Americanas, Mesbla, Fiat, Ponto Frio,
Dufry e do Grupo Pão de Açúcar.

Os temas de empreendedorismo e gestão muito me são caros. Então, quando o Flávio me falou do livro e me passou o texto para ler, meu interesse foi imediatamente desperta-do.

Ao passar pelo seu conteúdo, vi nele uma ferramenta, não apenas de gestão, mas para incentivar e profissionalizar o empreendedorismo, que tanto é cultivado fora (em especial no EUA) e tão pouco impulsionado no Brasil.

Os números relatados no livro a respeito dos insucessos estão seguramente muito atrelados a governança vital à longevidade dessas empresas. Outra coisa que chama a atenção é que seu conteúdo tem por base não só a experiência do autor e de outras fontes, mas é provido de conteúdo bibliográfico e científico que dão sustentação ao trabalho.

Vale salientar também que a abordagem aproxima e aplica as pesquisas e dados à realidade brasileira, ainda que os estudos mais profundos se deem nos EUA e demais países do mundo.

Apesar do foco familiar, que reflete de fato a realidade da maioria absoluta das pequenas e médias empresas que, em geral, não se enquadram nos requisitos formais de governança como as grandes S.A., os conceitos se aplicam a outros tipos de organizações cuja gestão pode ser reforçada pela presença de um CA.

Por fim, a obra preenche uma lacuna, misturando o papel de referência bibliográfica científica com o de guia prático para governança em pequenas (e até grandes) empresas.

Sérgio Moniz Barreto Garcia
COO na Arteris S.A. e Conselheiro suplente da Santos Brasil Participações - Foi Conselheiro na Login Logística

Já na introdução do livro, o Flávio traz duas informações altamente relevantes que justificam a criação do livro:

1) "... 65% do PIB brasileiro está nas mãos de empresas consideradas familiares, assim como 75% da força de trabalho ..."

2) "... 75% das empresas familiares brasileiras fecham após serem sucedidas pelos herdeiros ..."

Esses dados revelam claramente que algumas decisões precisam ser tomadas por essas empresas familiares a fim de continuarem a gerar riqueza, renda e empregos ao longo dos anos, mesmo lidando com as adversidades e conflitos advindos das relações familiares - em especial, nos processos de contratação e sucessão familiar na empresa. Uma dessas ações defendidas pelo Flávio em seu livro é a constituição de um Conselho de Administração, similar ao existente em grandes empresas S/A.

De forma muito didática e com vários exemplos e referências bibliográficas, o Flávio consegue demonstrar, não apenas a viabilidade econômica dessa constituição mesmo em pequenas e médias empresas, mas também a sua importância estratégica para longevidade empresarial, e que podem ajudá-las em seus processos de sucessão familiar.

Trata-se de um livro que todos envolvidos com empresa familiar deveriam ler a fim de preservar, não somente a saúde financeira e societária da empresa, como também as próprias relações familiares dos envolvidos. Parabéns Flávio: seu livro trará grandes contribuições para as pequenas e médias empresas familiares brasileiras.

Agnaldo Dantas
Analista da Unidade de Inovação do Sebrae Nacional

O livro trata de quatro temas que tendem a cada vez mais ter relevância nas empresas: Conselho de Administração, Auditoria Exte....resas familiares e Governança Corporativa.

Normalmente se pensa em Conselho de Administração somente para grandes empresas, constituídas geralmente como Sociedades Anônimas, mas no discorrer do livro o autor comprova que se pode tê-lo em empresas de qualquer tamanho, servindo muitas das vezes para atenuar conflitos de interesses entre os sócios, principalmente quando se trata de empresas familiares ou de sócios amigos. Discorre também o autor sobre os conflitos mais comuns existentes nas empresas familiares.

Trata também da forma como uma Auditoria externa pode ajudar e muito, a baixo custo, na administração das empresas. O autor procura desmitificar o tema de que uma Auditoria externa é cara e desnecessária, demonstrando que pode ser contratada uma Auditoria a preços compatíveis com o tamanho de cada empresa, sendo um olhar externo de grande importância.

Finalmente trata de um assunto muito atual no mundo – ESG, que trata do ambiente social e ambiental em que as empresas se inserem, além das normas de Governança (*compliance*). Na vida atual de minha empresa, quando contratada por outras empresas, nas parcerias e nos contratos com nossos fornecedores, estes assuntos ESG e *compliance* além de confidencialidade, são termos normais dos contratos e negociações.

ESG retrata a atual preocupação de todos para os efeitos de que cada empresa pode causar ao meio ambiente e como ela procede em suas relações com colaboradores, com os órgãos de Governo e com as demais empresas e seus colaboradores.

O Autor discorre bem sobre os temas citados, sendo o livro um excelente roteiro para se administrar bem.

Paulo Cesar Alves Rocha
Sócio Presidente da LDC Comex - Mestre pela COPPE/UFRJ e Master pela Universidad de Barcelona em Comercio y Finanzas Internacionales

Gostaria, em primeiro lugar, de agradecer o honroso convite de participar dessa obra.

Um Livro bem esclarecedor, de fácil vocabulário e enfatizando todas as etapas na constituição de um conselho de administração, bem como estimativa de valores, número de participantes, modelos de aplicação.

Sou sócio em uma empresa de desse porte, e recentemente criamos o CA. A leitura de "Conselho de Administração é coisa para as grandes... MENTIRA!" será fundamental para o desenvolvimento e aplicação."

Diego Ribeiro de Jesus
Sócio e Conselheiro de administração Grupo PetraGold S.A

1

Visão Geral

Esta obra trata de um tema que vem sendo refletido por mim desde 2014. Portanto, é fruto das minhas reflexões, dos meus pensamentos, das minhas conversas com executivos e empresários. Tenho percebido que há um predomínio de uma opinião errônea que o CA (Conselho de Administração ou CAD) só deve ser constituído em grandes empresas ou até que só deve ser presente nos casos previstos por lei. Em inúmeras vezes, inclusive, eu, peguei-me explicando que nos casos não previstos em lei, pode-se criar um CA enxuto, interdisciplinar, alinhado à estratégia da empresa e, principalmente, que agregue valor à companhia. Esse foi o principal motivador para escrever o livro.

O público-alvo desta obra é destinado, em sua maioria, a pessoas envolvidas em empresas familiares ou empresas criadas por amigos muito próximos – que se tornam família. Consultei centenas de *papers* de todo mundo e há uma relação muito positiva entre os principais benefícios da governança corporativa e as oportunidades de melhoria mais frequentes na gestão de empresas familiares. Adicionalmente, descrevo uma série de dicas para a implementação de ações eficazes e de baixo custo que podem contribuir para o sucesso da sua empresa.

"Empreendedores não tem filhos,
tem futuros CEO"

Sempre há polêmica interna na família e na gestão da empresa e meu objetivo aqui é mostrar que os benefícios do CA se encaixam perfeitamente na mitigação ou na solução dos conflitos comuns em empresas familiares. Só o fato de destacar hora e local para discutir as principais questões do presente e do futuro de forma franca já tende a gerar valor para a empresa. Um dos pontos que recomendo fortemente no livro é a adoção de especialistas externos. Um financista e um especialista no negócio da empresa devem por obrigação ter assento no Conselho, portanto, direito ao voto.

Um estudo do SEBRAE e do IBGE de 2018 aponta que 65% do PIB brasileiro está nas mãos de empresas consideradas familiares, assim como 75% da força de trabalho atua nessas empresas, e, também, quase 90% dos empreendimentos.

Um dado importante é que 75% das empresas familiares brasileiras fecham após serem sucedidas pelos herdeiros; e de cada 100 empresas, apenas, 7 chegam à terceira geração – os herdeiros. Esses números são assustadores e são provenientes de estudos da PwC 2019.

Em consonância com estudos de Gasparino (2020), a alta mortalidade das empresas familiares brasileiras se justifica pela desatenção e pela imaturidade dos seus acionistas nestas questões tão básicas de governança corporativa.

As empresas familiares, além de terem grande importância na economia brasileira, também mostram determinadas características que fazem com que elas sejam diferentes das demais organizações, como os valores, os laços de seus membros, o processo sucessório, a relação entre família e empresa e a figura do fundador, que formam a identidade das empresas familiares. É por conta dessas particularidades que é preciso uma forma diferente de analisar essas empresas, tanto perante ao processo sucessório, quanto aos outros diferenciais oferecidos por um fundador que precisa pensar na passagem da direção do seu negócio[1].

Em empresas familiares é comum que os membros da família participem da gestão de forma profissional, mas também é comum nessas empresas a gestão ser feita por pessoas sem preparo profissional para a função ou que simplesmente estão lá apenas a título de remuneração e pouco contribuem para o sucesso do negócio[2].

Alguns relatos frequentemente ouvidos durante a minha vivência refletem conflitos que vou abordar neste livro, tais como:

- "Só por que é o mais velho não quer dizer que deveria estar na presidência";
- "Meu tio se beneficia de ser majoritário e presidente.";
- "Meu irmão só se envolve se tiver algum interesse pessoal.";
- "O fornecedor disso é a *filhinha* dele...";
- "A filial dá prejuízo, mas quem vai tirá-lo de lá né..."
- "Absurdo criamos essa filial para colocar ele lá...";

---

[1] MOREIRA; ALTAF; TROCCOLI, 2016.
[2] CURADO, 2010.

> - "Meu tio está há muitos anos lá só ganhando sem fazer nada...";
> - "Não importa o quanto eu seja bom, vai entrar alguém da família...";
> - Entre centenas de outras.

Quadro 1: Algumas reflexões

Por acaso, hoje, dia 29 de junho de 2020, ao ler o jornal *Valor Econômico*, página B6, encontrei uma grande briga de uma famosa família-empresária brasileira que só ratifica minha motivação para escrever esse livro. Nas entrevistas e nos relatos para a construção do livro, pude notar que quase todas as empresas familiares misturam sentimentos, características pessoais e *achismo* baseado em tempo no negócio.

Nesse sentido, o estudo de (MAMEDE e MAMEDE, 2014) relata que "em busca de soluções às suas necessidades individuais, os membros da família podem colocar o emocional de tal forma que transpõe o nível racional das coisas e colocam em risco a organização como um todo, obrigando a tomada de decisões que podem, em vez de solucionar, gerar maiores conflitos; e, por fim, rupturas.

Os conflitos de interesses expõem muitas vezes as famílias perante à sociedade. Por isso, a importância de haver uma evolução na maneira de pensar da família empresária. Quanto maior o nível de capacitação das famílias empresárias maior será a contribuição para o desenvolvimento dos negócios[3].

O momento econômico atual após Covid-19 exige mais profissionalismo, dedicação e persistência. Hoje, a concorrência é internacional e, em rede, e com as "exigências de aprimoramento em que vivem as empresas familiares, é crucial pensar o processo decisório da empresa. Ter clareza da relação da família com a instituição, os interesses da propriedade e os da empresa é o princípio da longevidade empresarial" (MAMEDE e MAMEDE, 2014). Ainda sob esse ponto de vista, "a adoção da governança familiar profissionalizada contribui para a geração de liquidez aos acionistas e mantém a família capitalizada. Analisar os riscos, probabilidades, e mudança no momento certo auxilia a calibrar estrategicamente a empresa"[4].

Falando mais claramente do CEO (Chief Executive Officer ou popularmente o Nº.1 da empresa) que, por vezes, é fundador ou filho deste, normalmente após muitos anos à frente da empresa, e, já sem a energia de outrora, a tendência é permitir que as polêmicas e a formação de *grupos* cresçam e isso em nada ajuda na manutenção ou crescimento da instituição. Afinal, "Perpetuar uma empresa familiar é um dos maiores desafios das famílias empresárias, portanto as empresas

---

[3] RICCA, 2007.
[4] MOREIRA JR; BORTOLI NETO, 2007.

familiares precisam pensar na sucessão familiar de forma estratégica"[5].

Adicionalmente, após inúmeros anos ou até décadas, a rotina operacional do CEO (nº1 da Empresa) inibe e contribui para que ele não invista na reanálise ou na verificação da estratégia da empresa. Ricca (2007) acredita que "as famílias empresárias, mesmo sendo elas proprietárias de poucos bens, possuem responsabilidades que vão além do âmbito familiar, passam a ter responsabilidade social. Banalizar a administração e a sucessão da empresa familiar compromete não só seu funcionamento, mas a vida de terceiros que dela dependem.

Assim, o objetivo desta obra é demonstrar a empresários e administradores de empresas S.A. fechadas ou Ltda, em especial em fase de sucessão ou há muitos anos com mesmo CEO (Nº1 da empresa) a frente da empresa, que a criação do Conselho de Administração (CA) pode ser uma excelente saída apesar de não ser única.

Sim, é possível criar um CA barato, eficaz e ativo de forma a criar valor à sua empresa. O livro descreve inúmeras boas práticas e dicas e para isso. Ou seja, você pode ler, refletir e customizar uma solução para sua empresa, pois não é uma receita a seguir passo a passo.

---

[5] CURADO, 2010.

Portanto, esta obra não pretende ser um guia de utilização para a sua nova governança corporativa e nem mesmo um alicerce acadêmico de referência para estudantes e interessados em Governança Corporativa. Como guia, indico o Código das Melhores Práticas de Governança Corporativa do IBGC. Como referência acadêmica, atualmente, há fartura de opções de artigos, teses e dissertações. No entanto, ao cruzar interseção de pesquisa entre os termos "governança corporativa", "conflitos de interesse" e "empresa familiar" notei uma lacuna de estudos e é exatamente esse o foco desse trabalho.

A ideia do livro é mostrar às pessoas envolvidas em empresas de tamanho médio ou pequeno que há saída barata, inteligente e boas práticas experimentadas para uma nova fase de vida, assim como para manutenção e até crescimento da empresa. Espero que seja uma leitura fácil, com dicas e vocabulário de suas rotinas diárias. O conselho que proponho deve atender às necessidades da empresa onerando minimamente. Com aproximadamente 30% dos ganhos do CEO é possível ter um CA eficaz que norteará a estratégia e controlará a diretoria executiva da empresa.

Uma das dicas que adianto já aqui na introdução é a não criação do conselho fiscal. Acredito que para empresas menores, uma auditoria independente realizada por empresa menor e muito bem escolhida pode suprir a ausência do conselho fiscal. Os conselheiros independentes devem estar à frente dessa tarefa. Outra dica é avaliar a possibilidade de alternar anualmente a auditoria desse tipo de empresa com uma empresa Júnior Universitária. Ambas são "n" vezes mais baratas que as grandes certificadoras e podem obter ótimos resultados se o CA definir bem o escopo, os *entregáveis* e acompanhar a execução do trabalho. Inúmeros papers ilustram que autorias em empresas menores e familiares são mais baratas e de menor complexidade.

Apesar de falar basicamente do Conselho de Administração (CA), existem outros Conselhos que, dependendo da empresa (S.A. ou Ltda.), têm função complementar ao CA (no caso das S.A.) ou mesmo funcionam como aconselhamento aos donos da empresa (no caso das Ltda.). Um deles é o Conselho Fiscal (CF), composto preferencialmente de contadores, administradores e/ou economistas, que tem importante função de suporte às decisões do CA. Seja na revisão dos procedimentos fiscais adotados, seja na revisão do correto enquadramento de aplicações financeiras, seja na revisão dos comprometimentos financeiros, seja no acompanhamento dos principais indicadores de performance, entre outros, visando a emissão de parecer para avaliação e tomada de decisão por parte do CA.

"Cuida direitinho da empresa da Mamãe"

Outra dica é a formação do Conselho de Ética. Para empresas menores, sugiro que o conselho de Ética seja o Conselho de Administração (CA) sem o CEO (Nº 1 da empresa). Esse Conselho sem o CEO pode acumular também as funções do Conselho Fiscal e Consultivo. Assim, se tiver assunto relacionado a uma questão de ética a ser discutido, o Conselho poderá tratá-la, de forma confidencial, e sem a influência do CEO.

Esse conselho sem o CEO pode e deve acumular os itens da pauta que tratam da auditoria citada no parágrafo anterior, ou seja, será também o conselho fiscal. Essa construção enxuta só funcionará se o CEO não for o presidente do Conselho de Administração e se um dos consultores independentes presida o conselho fiscal e de ética. O CA supervisiona as atividades gerenciais da empresa, norteia a estratégia da organização. É ele que dá as orientações gerais dos negócios, bem como seu parecer sobre relatório de contas.

O objetivo principal do Conselho é maximizar o retorno dos investimentos. Para isso, compete a ele o desenvolvimento de questões estratégicas, como também na busca de novos negócios e na criação de vantagens competitivas duradouras.

Uma visão bem difundida no mundo empresarial é a necessidade do Conselho de Administração (CA) ditar a estratégia da empresa de médio e longo prazo. No entanto, na minha visão, o CA tem três finalidades principais que eu denominei de *Tríade Base*. São elas:

- Definir diretrizes estratégicas; - Garantir a lucratividade com ações executivas alinhadas à missão, valores, estratégia e propósitos da empresa; - Gerir pessoas (incluindo recrutamento, remuneração e demissão do CEO) e ativos intangíveis.

Quadro 2 Tríade Base

Hoje, conceitos como a "teoria dos *stakeholders*" ou *compliance*, por exemplo, são por vezes consideradas como ações a serem ditadas pelo CA. Na minha visão, faz parte das *ações executivas* citadas no segundo item da *Tríade Base*.

Este livro é resultado de estudos baseados em centenas de artigos nacionais e internacionais publicados nos últimos anos, mas também é fruto de entrevistas com membros de Conselho de Administração (CA) em geral, CFO (Diretores Financeiros), COO (Diretores de Operações), CEO (*Chief Executive Office*), professores e executivos de diversos segmentos. As entrevistas e referências acadêmicas valorizaram a interdisciplinaridade o que fica evidente nas citações que reproduzi nesse livro. Os trechos de produção científica citados foram escolhidos por se enquadrarem perfeitamente no argumento, linha de raciocínio, e linguajar mais pragmático e objetivo.

Uma pesquisa realizada por Keanon Alderson em 2015 nos EUA, sugere que há várias maneiras de prevenir e gerenciar conflitos em empresa familiar: (1) o uso de ferramentas de governança corporativa; (2) CA; (3) reuniões de família; (4) conselhos de família; (5) acordo da família; (6) conselhos consultores etc. Comumente recomendado por consultores de empresas familiares como uma forma de aumentar na família a comunicação, melhorar a eficácia das decisões e prevenir e lidar com conflitos dentro da empresa. Se conflitos afetam as decisões e o resultado da empresa familiar, a principal recomendação é instituir ferramentas de governança eficazes e convidar consultores externos alinhados ao tema do negócio, a finanças e eventualmente especialistas em mediação.

Um estudo da Califórnia destaca que muitos dos conflitos em empresas de origem familiar tiveram causas comuns tais como: falha em não ter plano de sucessão, planejamento e estratégia pobre ou ausente, disputas por dinheiro, rivalidade entre irmãos, fracasso do patriarca ao não decidir pela sucessão, falta de comunicação, falta de perdão e simples ganância[6]. Nesse livro, me proponho a descrever uma série de ações para atenuar esses conflitos.

Aproximadamente 30% das empresas familiares são transferidas para a 2ª. geração, enquanto apenas 10-15% passam à 3ª. geração, e apenas 4% conseguem permanecer na mesma família pela 4ª. geração[7]. Isso pode significar um desastre para toda a família, pois o grande gerador de riqueza é geralmente a própria empresa, com pouco diversificação.

Uma das principais razões para o fracasso de sucessões em empresas familiares é uma falta de tomada de decisão eficaz[8] e falta de planejamento adequado[9].

---

[6] Cf. Keanon Alderson, 2015.
[7] Cf. Poza, 2009.
[8] Cf. Shepherd e Zacharakis, 2000.
[9] Cf. Poza, 2009.

MARIA & FILHOS LTDA

*"Todos os empregados são parentes,
mas a empresa não é familiar"*

2

Qual o papel de um CA?

que é o CA?

Começarei explicando o que é um Conselho de Administração. Trata-se de um grupo de pessoas, preferencialmente, com número ímpar, para que, na tomada de decisões, não tenha espaço para empates. Assim, formalmente instituído com deveres e responsabilidades definidas por leis, códigos e acordos a fim de dar norte e controle à empresa. No caso das empresas menores, foco desse livro, apenas códigos internos e acordos regulam as obrigações e deveres dos membros do CA.

O Art. 142 da Lei 6.404 esclarece a competência do Conselho de Administração, tendo como principais missões: zelar e proteger o patrimônio da companhia.

Dessa forma, maximiza o retorno do investimento dos acionistas, agregando valor ao empreendimento, elaborando estratégias de mercado em acordo com as diretrizes impostas pelo executivo, compartilhando as informações com a sociedade. Assim, estabelece regras de conduta (códigos de ética), deveres na hierarquia da companhia, zelar por seus valores, crenças e propósitos dos acionistas em suas atividades.

O Art. 141 da Lei 6.404 complementa que as atividades de competência do conselho de administração devem estar normatizadas em um regimento interno, tornando claras suas responsabilidades e atribuições, prevendo situações de conflito com a diretoria executiva e demais, na intermediação entre os acionistas, auxiliando nos processos de auditoria interna e estimulando a criação do código de ética da companhia.

A criação de CA teve seu ponto de partida, nessa mesma época da lei brasileira, nos Estados Unidos e na Inglaterra. Segundo Camargo (2016), a intenção era de alinhar os interesses dos acionistas com a gestão executiva, em companhias de capital aberto, instituições financeiras e seguradoras, assim seriam obrigadas por lei a ter conselhos administrativos, atuando na falta de transparência administrativa das companhias e defendendo um controle mais eficaz de seus acionistas na geração de valores e riquezas.

Apesar de a lei existir há mais de quarenta anos, é difundida apenas nas empresas de Sociedade Anônima onde o Conselho de Administração não é uma opção. De modo geral, o meu objetivo nesse livro é abordar as empresas familiares limitadas ou fechadas onde o CA é uma opção e não uma obrigação.

Com o mercado cada vez mais globalizado, têm-se, também, mudanças profundas na economia, forçando a um novo modelo de como trabalhar os processos corporativos, antes apenas restritos à sua origem de uma economia local para internacional. Essas novas formas de trabalhar forçam os mercados a uma série de mudanças, novos conceitos econômicos e promovem uma competição cruel entre os segmentos da empresa.

Cada vez mais, verificamos empresas implementando CA, em especial, empresas que atuam conforme as boas práticas da governança corporativa. Por ser responsável por questões estratégicas da empresa, o CA quando é eficaz, assegura a lucratividade do negócio a longo prazo. Assim, o CEO deve estar subordinado diretamente ao CA. Nesse sentido, na minha visão, colocar o CEO de presidente do CA deve representar grandes perdas na capacidade de discussão e reflexão crítica e até na independência do Conselho.

Essa Governança Corporativa utilizando o CA começou nos Estados Unidos e na Inglaterra na década de 80 alinhando interesses entre a diretoria executiva e os acionistas. A própria lei das S.A. brasileira é da década de 60 e aborda dezenas de pontos hoje considerados "boa prática de governança corporativa".

Para empresas maiores, é comum verificarmos CA com sete, nove ou mais pessoas. Na minha visão, o CA de empresas médias ou pequenas deve ter cinco pessoas, sendo duas pessoas independentes e externas à família e ao negócio, dois representantes dos acionistas e o CEO. A presidência nunca deve ser ocupada pelo CEO. Os dois representantes externos devem ser: um especialista do tipo de negócio da empresa; e, outro especialista em finanças e contabilidade. Apenas esses dois últimos devem ser remunerados pelo assento no conselho, pois o CEO já é remunerado e os acionistas ou cotistas recebem lucros e dividendos. A remuneração desnecessária pode levar a falta de objetividade às reuniões. Não há padrão para remuneração dos membros externos, mas acredito que com cerca de 10% do salário do CEO é possível encontrar bons profissionais. Se a reunião tiver que ocorrer em local distante e o CEO tiver uma remuneração baixa em relação aos padrões de mercado, esse número pode ser maior (talvez até 15%).

Uma pesquisa do IBGC publicada em 2020 com 269 conselheiros de administração revelou que 32% deles recebem menos de R$10.000 mensais. Portanto, se sua empresa é pequena vocês podem pagar R$4.000 mensais (contrato com PJ), por exemplo, e encontrar um bom profissional externo à organização e que agregue valor à empresa. Mesmo incluindo grandes empresas na pesquisa, apenas 27,1% recebem acima de vinte mil reais mensais.

*"Com esse conselheiro
eu dou match"*

Os membros externos devem ser recrutados com profissionalismo e isenção, sem incluir como elegíveis amigos e entes familiares. O mandato também não tem regra rígida, mas indico dois anos (ou três) renováveis por mais dois uma única vez no máximo. A tendência do membro do CA com mais de quatro anos é acomodar as conquistas já obtidas.

Quando os sócios forem grandes especialistas do negócio em questão, podem-se escolher membros externos com formação e experiência distinta. Em especial, se houver interesse de dar ao CA uma visão específica de segmentos que a empresa ainda pode atuar ou até mesmo de questões que a empresa quer evitar. Exemplo, um dos membros externos de uma pequena mineradora pode ser um ambientalista se a empresa quiser manter o risco ambiental monitorado e mitigado.

Recomendo que um dos conselheiros externos seja um financista. Outros exemplos:

- Uma empresa com forte dependência de processos do poder público executivo, pode convidar um ex executivo do poder público.
- Uma universidade que pretende crescer muito no EAD pode convidar um especialista em tecnologia de ensino a distância.
- Empresa que visa exportar sua produção pode convidar um especialista em comércio exterior.
- Também se pode convidar um professor especialista no processo produtivo da empresa.

Quadro 3 Exemplos

No caso do Conselho de Administração (CA) com apenas três membros, sugiro compor com: (1) o CEO, (2) o representante dos acionistas ou cotistas (ou seu representante e nesse caso é saudável ser próximo ou até ente familiar) e (3) um membro externo independente.

Nalder (2004) sugere cinco modelos de CA quanto à sua construção e à definição de suas funções:

(a) Conselho Passivo (tradicional): suas atividades e sua participação são mínimas e definidas pelo presidente executivo. Sua finalidade é ratificar as decisões da diretoria;

(b) Conselho Certificador: com atribuição principal para os processos de supervisão da direção executiva, sendo o avalista da gestão perante os acionistas;

(c) Conselho Envolvido: o conselho e a direção executiva atuam como parceiros e o conselho apresenta suas ideias e apoio para a tomada de decisões relevantes;

(d) Conselho Interventor (Comum): atua em crises financeiras e/ou escândalos, por função, deverá intervir constantemente, para uma pré-análise dos processos de gestão;

(e) Conselho Operador: a diretoria executiva programa decisões que são tomadas no conselho, envolvendo diversas áreas funcionais e de negócios da companhia, que se encontram em fase de ajustamento organizacional e aprendizado na área de negócios em que atuam.

O Conselho Passivo da opção (a) é comum nas empresas S.A. abertas que são obrigadas a ter um conselho e os resultados efetivos nem sempre alcançam o esperado.

Para o perfil de empresa foco desse livro, só acredito nas opções (c), (e) ou num misto de ambas. Há inúmeros relatos que, durante a pandemia da COVID-19, CA com comportamento (a) e (b) tiveram que migrar para o (c) na busca de soluções inovadoras e inéditas.

2.2 A *Tríade Base* do CA

Conforme relatado na introdução, *Tríade Base* é o papel fundamental do CA. Aqui, detalho os três pontos e as motivações.

Figura: A Tríade do CA

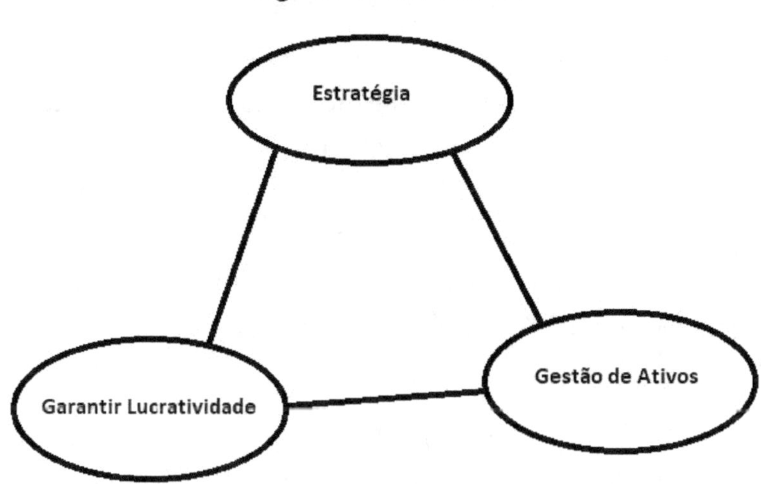

2.2.1- Definir diretrizes estratégicas

A influência da família altera a tendência de uma empresa em buscar iniciativas de aumento de valor. Empresas familiares são mais vulneráveis em função de sua simplicidade estratégica[10]. De modo que é importante perceber nuances em situações de problemas ou oportunidades. Miller (1993) ilustrou que rotinas que funcionavam bem no passado são usadas novamente, independentemente, dos desafios estratégicos enfrentados pelas empresas familiares. Estudiosos da

---

[10] Cf. Zahra 2005.

área socioemocional[11] ressaltaram como a influência de uma família se transforma na redução do risco.

Outro trabalho, do KPMG, mostra que 36% das empresas familiares simplesmente não tem estratégia, assim como não cogitam iniciar processo sucessório. Mais de 60% dos entrevistados nesse estudo disseram enfrentar conflitos familiares na empresa. O maior desafio de acordo com esse trabalho é equilibrar as pressões do negócio com as necessidades da família.

O objetivo principal do Conselho é maximizar o retorno dos ativos e investimentos. Para isso, compete a ele desenvolver questões estratégicas, como na busca de novos negócios e na criação de vantagens competitivas duradouras. Finalmente, definir diretrizes estratégicas trata-se de um dos principais focos do CA e é uma das principais lacunas nas administrações familiares.

Na hierarquia corporativa, o CA é considerado o principal órgão colegiado da companhia, sendo responsável pelo processo de decisão e direcionamento estratégico, possui por função assegurar que os negócios se perpetuem por meio de resultados satisfatórios durante sua existência, considerando o elo entre a propriedade e a gestão, orientando e supervisionando a relação com as partes interessadas.

---

[11] Gomez-Mejia et *al.* 2007.

Silva (2016) reforça que a gestão estratégica é de grande relevância para a companhia, centralizando suas atividades nos focos estratégicos que usam a governança corporativa a partir de seus princípios básicos, transparência nas divulgações e com informações que demonstram a saúde financeira da companhia. Dessa forma o conselho necessita estar alinhado com o executivo, auxiliando e discutindo as decisões de forma correta, visando ao crescimento financeiro em acordo com os órgãos que atuam na regulação legal e auxiliam em seus padrões comportamentais e éticos. Não estar em sincronia com esses padrões, significa colocar em risco o mercado em que a empresa atua e por consequência afetar crescimento e gerar lentidão dos processos.

2.2.2 - Garantir a lucratividade

Garantir a lucratividade de curto e longo prazo com ações executivas alinhadas à missão, valores, estratégia e propósitos da empresa. Trata-se da grande meta: grana! Sem lucratividade os sonhos inexistem.

Verifica-se que tanto a propriedade da família quanto o envolvimento da família são negativamente relacionados à tomada de risco nas decisões e análises de oportunidades mais adequadas à melhor tomada de decisão, ou seja, a decisão de melhor retorno. Em geral, o foco da família é a sobrevivência a longo prazo.

Se por um lado, a ausência de plano estratégico é recorrente em empresas familiares; por outro lado, não adianta saber onde e como chegar sem perseguir na luta diária as metas desdobradas de plano estratégico.

2.2.3 - Gestão de Ativos

Trata-se da gestão de ativos tangíveis e intangíveis, incluindo recrutamento, remuneração e demissão do CEO, assim como a gestão de ativos tangíveis e intangíveis. Entende-se por ativo tangível, todos os bens materiais, que podem ser vistos, tais como: grandes equipamentos, bens móveis e imóveis, entre outros; já o ativo intangível, trata-se de bem que, embora existam, são imateriais, tais como: softwares, a capacidade de produção e transformação dos empregados, a marca etc.

É comum verificarmos ativos deficitários sendo "sustentados" pelos ativos mais rentáveis sem que a alta administração da empresa note ou persiga alteração desse quadro. Outro ponto é a identificação de ativos intangíveis que agregam mais valor. Para que a alta administração possa protegê-los e gerenciá-los precisa identificá-los. Por vezes, um simples cadastro de clientes mais rentáveis deveria estar sendo protegido e gerenciado de forma mais cuidadosa, uma vez que eventual descoberta por terceiros coloca a empresa em risco. Outro exemplo comum é um grupo de técnicos de determinado setor que garanta a rentabilidade dos melhores serviços ou de grandes clientes e nem sequer a alta administração sabe que boa parte da garantia do resultado está naquele trabalho.

Fui gerente de gestão de conhecimento (GC) por um bom tempo; há anos, assim como meu amigo Lisandro e garanto que a empresa pode adotar inúmeras práticas de GC apenas utilizando os recursos e empregados próprios já pagos regularmente. Naturalmente essas práticas de GC demandam sistemas que as suportem e para esse ponto é necessário um pequeno investimento. Ainda sim, há sistemas de prateleira em quantidade e diversidade suficientes para atender o seu caso específico. Todo o aprimoramento de processos e ferramentas de trabalho é facilitado quando há práticas de GC implementadas, e, o mais importante, a empresa fica muito menos dependente das pessoas que estão ali por décadas as vezes.

É comum famílias se tornarem dependentes de determinados profissionais, pois nunca tiveram coragem de enfrentar a gestão de seus ativos intangíveis.

Por ser responsável pelo futuro da empresa, é recomendado que o quadro de conselheiros fosse formado por profissionais de competências e experiências variadas, com qualificações comprovadas. Isso porque o

Conselho Administrativo precisa estar apto a identificar e corrigir desvios de gestão em diversos níveis, como jurídicos, financeiros e de planejamento, por exemplo. Além disso, nada como pluralidade de conhecimentos para agregar argumentos à discussão e decisão final.

2.3 Motivação

O CA e demais ações de governança corporativa são a principal ferramenta para mitigar conflitos, dar transparência e focar nos resultados de curto e longo prazo. Os conflitos são os principais motivos da morte precoce das empresas familiares, em especial, na transição da primeira para segunda geração. No capítulo 3, abordo os principais conflitos vividos em empresas familiares.

Conforme já citado, 75% das empresas familiares brasileiras fecham após serem sucedidas pelos herdeiros e de cada 100 empresas apenas 7 chegam a terceira geração.

"Fale me da empresa da sua mãe..."

O fundador deve perceber que somos mortais, mas a empresa que ele criou pode ser imortal se ele permitir. Para isso, é fundamental construir um plano de sucessão e criar um CA. Ele é uma das pessoas adequadas para assumir a presidência do CA nos primeiros anos.

O fundador normalmente tem sua imagem atribuída a homem "forte" ou "imortal", mas em verdade é um ser humano. Envelhece como qualquer outro e após décadas de dedicação com frequência não quer abrir mão do poder exercido no seu dever diário.

Diversas outras questões também pesam, tais como: sentimento de paternidade, vaidade, ausência de percepção de opções de vida fora da rotina da empresa, sentimento que ninguém vai conseguir tocar o negócio como ele, entre outros.

A sucessão é impreterível, mas se abrupta, não terá sucesso. Essa transição faz de todos, o ponto mais crítico da história empresarial. Um dos princípios da contabilidade, o da continuidade, atribui-se sobre a instituição empresarial, o da presunção de que seus tempos serão prolongados, perpetuados.

Um dos princípios da contabilidade Diante de tal expectativa, a empresa não só necessita de equilíbrio em todas suas contas e de reserva financeira, mas pressupõe-se também reserva humana[12].

O problema se agrava nas empresas familiares que ignoram o processo de sucessão deixando seu legado a parentes simplesmente pelo fato de serem os herdeiros patrimoniais ou deixando a definição para outrem, isentando-se de qualquer responsabilidade[13].

Deve-se evitar a indefinição com um plano sucessório, com a preparação cuidadosa do substituto.

A responsabilidade vai além da sobrevivência do patrimônio, sua abrangência atinge fornecedores, clientes, profissionais que trabalham na empresa, empresas terceirizadas. É, portanto, de responsabilidade social formar o sucessor. A formação do sucessor é um

---

[12] Cf. CURADO, 2010.
[13] Cf. BERNHOEFT; GALLO, 2003.

processo longo desde os primeiros passos até a conquista da verdadeira legitimidade e validação de seu profissionalismo[14].

Bernhoeft e Gallo (2003) ressaltam que um planejamento de processo de sucessão pode começar pela profissionalização da diretoria executiva e pela formação um conselho de administração eficiente, mas não é só isso que garante o sucesso da transferência da empresa para geração seguinte, melhoria do processo de gestão também é fundamental para a sucessão familiar.

A questão que abordo no livro é bem objetiva: a empresa familiar está fadada à morte sem um plano de sucessão envolvendo a criação de CA.

---

[14] Cf. BERNHOEFT; GALLO, 2003.

3

A família já não é muito confusa para criarmos um CA? Quais os conflitos de interesse mais comuns nas empresas familiares?

Então, se você pertence a uma família que controla ou é acionista/cotista de empresa, não se preocupe! Além da sua família, todas as demais famílias têm conflito.

Esse é um dos mais importantes motivos para instituir uma boa governança corporativa e a criação de um Conselho de Administração. É um importante fator desse processo. Vou abordar conflitos reconhecidos e estudados em todo mundo, com pesquisas do Brasil, Taiwan, EUA, Canadá, Chile, Espanha, França, China, Malásia, Líbano, Colômbia e Itália. Esses estudos identificaram os seguintes conflitos:

- Agência (acionistas X administradores)

- Principal-Principal (acionistas X acionistas)

- Cognitivo

- Intrafamiliar

- Outros (Gênero, Assimetria de informações etc)

Todas as mudanças na implementação de uma boa governança corporativa possuem como objetivo auxiliar e se tornarem transparentes apresentando melhores níveis de competividade no mercado em que atuam. Esses novos conceitos obrigam as instituições a seguirem um ritmo de crescimento acelerado relacionados com as áreas de conhecimento corporativo, contribuindo no surgimento de processos mais robustos e um melhor controle de suas aplicações tendo como base às novas regras, códigos de ética, governança corporativa e padrões de comportamento.

A governança não possui como ideia principal apresentar conceitos milagrosos, mas auxiliar criações de mecanismos eficientes que contribuam para um crescimento uniforme, e facilite o monitoramento dos processos internos e externos. As áreas corporativas para continuarem competitivas necessitam de novas ideias e inovações, e que direcione os processos para padrões de comportamento que gerem crescimento, alinhe os conflitos entre acionistas e executivos, e melhore os processos, *compliance* e éticos das instituições.

Segundo Coelho (2007), na teoria econômica tradicional, a governança corporativa surge para procurar superar o chamado conflito de agência, presente a partir do fenômeno da separação entre a propriedade e a gestão empresarial. O principal, titular da propriedade, delega ao agente o poder de decisão sobre essa propriedade. A partir daí surgem os chamados conflitos de agência, pois os interesses daquele que administra a empresa nem sempre estão alinhados com os de seu titular.

Sob a perspectiva do conflito de agência, a preocupação maior é criar mecanismos eficientes (sistemas de monitoramento e incentivos) para garantir que o comportamento dos executivos esteja alinhado com o interesse dos acionistas.

Conforme Silva (2016), o Instituto Brasileiro de Governança Corporativa orienta que a origem da boa governança teve seu início na primeira metade dos anos 90. Com o movimento iniciado nos Estados Unidos, os acionistas se conscientizaram de que novas regras precisavam ser criadas para se protegerem dos abusos impostos pela Diretoria Executiva ou Chief Executive Officer das empresas, pela inércia de conselhos inoperantes e omissões de autoridades externas. Com a implantação da governança dentro dos Conselhos Administrativos contribuiu para um desenvolvimento econômico sustentável, auxilia nas melhorias de desempenho, acelera seus resultados e facilita o acesso aos recursos de fontes externas.

"Tá, filho, não chora. A Mamãe institui
a meritocracia na empresa..."

3.1 Conflito de Agência ou principal-agência

Em grandes empresas onde há separação de propriedade e de administração, o problema pode surgir entre a alta administração ("agente") e o acionista (principal). Os acionistas e a alta administração podem ter interesses diferentes, em que os acionistas normalmente desejam lucro, e a alta administração pode ser motivada pelo menos em parte por outros motivos, como bom salário, boas condições de trabalho ou bons relacionamentos no seu vínculo empregatício, na medida em que estes não são necessários para lucros. O CA é necessário para alinhar e coordenar os interesses da alta administração com os dos acionistas.

Mais um perigo específico que demonstra um possível conflito entre acionistas e alta administração se materializa por meio da compra de cotas ou de ações. Os executivos podem ter incentivos para desviar o lucro da empresa para a compra de ações da própria empresa, o que fará com que o preço das ações suba. No entanto, os lucros retidos não serão usados para comprar equipamentos de última geração ou para contratar pessoal de qualidade. Como resultado, os executivos podem sacrificar os lucros de longo prazo em troca de benefícios pessoais de curto prazo, que os acionistas podem achar difícil de detectar, pois veem suas próprias ações subindo rapidamente. Numa empresa familiar isso tende a ocorrer em menor proporção.

Os resultados de um estudo canadense,[15] sugere que o potencial conflito de agência entre acionistas e a administração profissional tem um impacto prejudicial no retorno de investimento dos compradores, numa fusão ou aquisição, com risco de incrementar potencial conflito entre grandes e pequenos investidores. Esse conflito traz impacto negativo adicional na geração de riqueza. É possível que o mercado espere a presença de excesso de controle familiar para reduzir os custos de agência associados com o conflito entre acionistas e gestores profissionais.

A maioria das empresas familiares em países asiáticos são caracterizadas por modelos piramidais e participações cruzadas, e são mercados praticamente sem controle corporativo[16]. Na Ásia, de forma geral, os benefícios da propriedade e o envolvimento da família não compensam os custos em que incorrem[17]. Em particular, membros familiares com participação majoritária e administração concentrada podem se apropriar da riqueza dos acionistas minoritários, causando conflito agência—principal[18].

A maioria das teorias de governança corporativa examina os problemas de agência que surgem de duas estruturas de propriedade extremas: uma estrutura

---

[15] Paul Andre, Walid Ben-Amar, Samir Saadi 2012.
[16] Cf. Jiang e Peng, 2011).
[17] Fogel, 2006; Jiang e Peng, 2011a, b; Morck, Wolfenzon e Yeung, 2005).
[18] Cronqvist & Nilsson, 2003; Villalonga & Amit, 2006.

completamente dispersa consistindo inteiramente de pequenos acionistas ou um grande proprietário controlador em combinação com vários pequenos acionistas[19]. No entanto, os problemas de agência de empresas com vários *blockholders* diferem dos conflitos de interesses encontrados nas demais, de grande porte ou de capital aberto[20].

A Auditoria sempre é um instrumento de controle da administração. Alguns estudos documentam que a eficácia dos comitês de auditoria é significativamente reduzido quando os membros da família estão presentes nos conselhos de administração e na gestão

Khalil et *al.* (2008) postulam que os auditores precisam aumentar o escopo de sua auditoria para empresas com altos conflitos de agência devido ao aumento do risco de auditoria (risco inerente e / ou de auditoria) e risco do negócio do auditor (risco de litígio).

Ali et *al.* (2007) sugerem que o efeito causado quando o diretor executivo é acionista reduz o problema da "agência", mas cria aumento potencial do problema chamado principal-principal. Nas empresas familiares o CEO e demais diretores com frequência são da família ou bem próximo dessas.

---

[19] Cf. Mauricio Bertina & Félix Iturriagab 2014).
[20] Cf. BonaSánchez, Pérez-Alemán, & Santana-Martín, 2011; Laeven & Levine, 2008.

No entanto, estudo americano dessa década de Bharat Jain & Yingying Shao sugere que os conflitos de agência entre empresas e partes interessadas, bem como considerações de riqueza e socioemocional são importantes na família e no comportamento financeiro da empresa após a abertura do capital. A estrutura de propriedade é determinante na verificação se o IPO capitaliza a oportunidade de levantar capital para financiar investimentos.

Em comparação com as empresas não familiares, as empresas familiares enfrentam problemas menos graves de agência de informação oculta (Ali et *al.*, 2007). Minying Cheng, Bingxuan, Minghai Wei em 2014 concluíram que, na China, a remuneração dos executivos em empresas familiares reflete o conflito principal-agência causados pelo envolvimento de outros membros da família.

De fato, as empresas familiares enfrentam conflito principal-agente, porém o mais relevante e comum conflito é o principal-principal.

"OK. Não que eu esteja te dando razão,
mas acho que vale aceitar essa ajuda."

3.2 Conflito Principal-Principal

Casos de conflitos entre acionistas ou cotistas da mesma família são extremamente comuns e com frequência se tornam judiciais. Em todo o mundo, a todo momento, testemunhamos um caso de rixa familiar na disputa por negócios.

Vou relatar apenas o caso da rede de Hoteis Hyatt que ficou famoso nos EUA. Após anos de conflitos familiares, Liesel Pritzker de 19 anos e seu irmão Matthew de 21 anos processaram seu primo, pai e outros membros da família em US$ 2 bilhões sobre impropriedades em suas contas. Os irmãos mais novos acusaram os membros da família de saquear seus fundos fiduciários. Os membros da família e fundos lutaram no processo por anos. Os dois irmãos ganharam uma fortuna da família em hotéis, imóveis, indústrias empresas. 25% da Royal Caribbean Cruise Lines foi dividida entre 11 membros da família, pagando um total de US$ 560 milhões aos dois irmãos.

Uma família que controla a empresa é provável que tenha um controle efetivo sobre a empresa e o poder de buscar benefícios privados à custa de perdas de outros acionistas, aumentando, por sua vez, o conflito entre acionistas controladores e minoritários. As empresas familiares sofrem conflitos principal-principal mais graves. É muito comum que os demais cotistas ou acionistas sejam também da família.

O conflito pode ser intensificado quando a alta administração age em nome de vários acionistas - o que costuma ser o caso em grandes empresas (problema de múltiplos principais). Especificamente, quando a alta administração atua em nome de múltiplos acionistas, os múltiplos acionistas enfrentam um problema de ação coletiva na governança corporativa, uma vez que os acionistas menores podem fazer lobby na alta administração ou de outra forma ter incentivos para agir em seus interesses individuais em vez de no interesse coletivo de todos os acionistas. Como resultado, pode haver carona na direção e monitoramento da alta administração ou, inversamente, altos custos podem surgir da duplicação da direção e monitoramento da alta administração. Muito conflito entre sócios pode significar maior autonomia da alta administração.

Segundo Mauricio Bertina & Félix Iturriagab (2014), nas empresas familiares a preocupação é que os administradores empossados pela família controladora atuem para essa em detrimento aos demais acionistas em geral.

"Estou surpreso como aqui o ambiente é amistoso..."

Em sua comparação abrangente dos custos de agência entre empresas familiares e não familiares, Chrisman, Chua e Litz (2004) mostram como as empresas familiares podem ser particularmente vulneráveis em grande parte por causa da autonomia dos acionistas controladores na tomada de decisão.

Em vários estudos, também podemos ver exemplos em que famílias controladoras podem usar o gerenciamento de resultados para ocultar a expropriação dos acionistas minoritários[21]. É comum também os acionistas serem irmãos, primos ou tios em proporções diferentes do negócio. Nesse caso, um primo, por exemplo, pode ser acionista controlador ou mais relevante.

Em geral, os acionistas da família têm um fraco desempenho carteiras diversificadas, pois eles seguem estratégias de negócios avessas ao risco. Além disso, eles se concentram nos retornos de longo prazo sobre o investimento porque procuram transmitir sua riqueza para a próxima geração.[22]

Assim, na visão de Nehme Azoury & Elie Bouri (2014), os proprietários da família têm um grande interesse em ter controle sobre a tomada de decisão firme por meio da nomeação de membros da família em chave cargos de gestão. Com base na justificativa de que o emprego de pessoas não familiares gerentes que têm poucos relacionamentos com proprietários de famílias representam uma ameaça para controle familiar, as empresas familiares costumam empregar membros da família independentemente de seus conflitos principal-principal. Isso lhes dá incentivos para priorizar seus

---

[21] Anderson & Reeb, 2004; Ishak, Nor Haron, Salleh, & Rashid, 2011; Jaggi e Leung, 2007; Stockmans, Lybaert, & Voordeckers, 2013.
[22] Cf. Dehlen et *al*. 2012.

próprios interesses e criar benefícios às custas dos demais acionistas. Esse fato também gera o conflito cognitivo que vou abordar a seguir.

Uma nomeação de membro da família como CEO, Diretor ou gerente, por exemplo, pode gerar uma série de comportamentos de auto-negociação[23].

Chin Fei Goh & Amran Rasli & Saif-Ur-Rehman Khan (2013) desenvolveram estudo em 141 empresas familiares de capital aberto no setor de manufatura, descartam que o CEO possa desempenhar papel de moderador execercendo também o papel de presidente do CA, pois fragiliza relação entre controle e o desempenho da empresa. Por um lado, espera-se que os proprietários das famílias possam fortalecer o controle por meio da dualidade do CEO e ignorar os demais interesses. Porém, por outro lado, isso pode enfraquecer o controle e o monitoramento mais desejado pelos demais acionistas.

Essa descoberta explica em parte a grande resistência dos acionistas principais da família em promover ações como a implementação do CA que aumenta controle nas empresas. Um estudo italiano de Fabio Zona conclui que em 86% das 64 empresas familiares estudadas com CA, há um CEO familiar e o CA tem 7,2 membros em média. Ratifico minha visão a você leitor que empresas médias e pequenas devem ter 5 membros no conselho sendo dois

---

[23] Cf. Schulze et al. 2003.

externos. Aceitável, no entanto, sete membros no máximo.

Quando há um CEO da família, problemas como rivalidade entre irmãos, conflitos geracionais, problemas conjugais, questões relacionadas ao desenvolvimento da empresa (valor vs. crescimento), e a existência de preferências não econômicas dificultam coordenação e pode levar a decisões abaixo do ideal[24].

Martín de Holan e Sanz (2006) argumentam que uma dinâmica familiar negativa juntamente com baixos níveis de proteção legal para investidores pode resultar em um risco aumentado de desapropriação para acionistas minoritários, mesmo que sejam membros da família fundadora.

Mauricio Bertina & Félix Iturriagab (2014) usaram amostra de 3.559 empresas listadas dos Estados Unidos,

Canadá, Reino Unido, França, Espanha e Itália no período de 2008 a 2013, confirmaram que a distribuição de poder entre os acionistas afeta o gerenciamento de resultados em empresas familiares. Quanto maior o desafio em relação a "contestabilidade" das finanças e resultados, menor é o gerenciamento de resultados nas empresas familiares.

A boa governança corporativa torna-se ainda mais importante em países nos quais os direitos dos acionistas

---

[24] Eddleston & Kellermanns, 2007; Schulze, Lubatkin, Dino, & Buchholtz, 2001.

são menos protegidos. Pessoalmente, acredito que a legislação brasileira não é ruim, mas a morosidade da justiça pode se tornar um convite às ações unilaterais do acionista principal.

*"Não aceito que me
chamem de fantoche!"*

3.3 Conflito Cognitivo

O conflito cognitivo ocorre quando a questão emocional aflora. As discussões têm como pano de fundo as divergências pessoais ou rancores anteriores em vez de serem pautadas no resultado da empresa no longo prazo. Outro exemplo comum de conflito cognitivo em empresas familiares ocorre quando o desempenho em questão está sob responsabilidade de um dos filhos ou "protegidos" de um dos acionistas. O diálogo construtivo tende a dar espaço à emoção deixando o resultado da empresa como secundário.

O italiano Fabio Zona citado anteriormente ilustra como os acionistas podem conduzir e moldar processos do CA em empresas familiares. O conflito cognitivo frequentemente é mais alto e o uso de conhecimento e habilidades é mais baixo quando não há equilíbrio no poder de voto de um conselho. O autor conclui que à medida que os efeitos de maior conflito cognitivo e menor uso de conhecimento estão em jogo, seus respectivos impactos positivos e negativos podem se neutralizar, resultando em nenhuma relação significativa para tomada de decisão e os resultados da firma. Apenas uma consideração explícita dos processos do conselho pode prever efetivamente os resultados da tomada de decisão.

Conflito cognitivo se materializa tanto na execução de serviço ou gestão quanto nas tarefas de controle. Além disso, a demonstrada correlação negativa entre conflito cognitivo, uso do conhecimento e habilidades sugerem que o desacordo sufoca o compartilhamento de informações e de aprendizagem coletiva.

O conflito cognitivo desencadeia conflito de relacionamento e desconforto pessoal (cf. Jehn 1995), o que pode explicar a tendência reduzida de cooperar e utilizar comitês técnicos ou temáticos.

O equilíbrio de voto num CA é uma das principais ações mitigadoras do conflito cognitivo. Num CA de cinco pessoas, onde 40% dos conselheiros são acionistas, 40% são independentes especialistas escolhidos em votação numa lista tríplice (um "financista" e um "do negócio") e o CEO (20%) é muito mais equilibrado. O conflito cognitivo alto representa impacto na tomada de decisão eficaz gerando uma participação mais extensa e de contribuições dos membros da família. Normalmente, vem seguidos de declínio no uso de conhecimentos e habilidades, e as perdas de processo relacionados às dificuldades de interação na troca de informações, colaboração e integração efetiva de pontos de vista.

Conflito cognitivo reduz a necessidade de aconselhamento externo e inibe efeitos benéficos da discordância saudável relacionada à tarefa do conselho e as ideias inovadoras. O nível mais baixo no uso do conhecimento e interesses conflitantes relacionados ao núcleo familiar pode reduzir o aconselhamento externo devido à percepção de ameaça, assim como a alteração do equilíbrio interno.

O ideal é criar um CA trabalhando num ambiente *design thinking* para a busca das melhores soluções, tomada de risco e decisões para a empresa. Criando assim, um espaço em que a crítica, a diversidade, a inovação tenham lugar aliado ao bom tratamento dos dados.

A tomada de decisão participativa em uma empresa familiar de primeira geração, o proprietário fundador geralmente toma quase todas as decisões (cf. Feltham et *al.*, 2005). A segunda geração, a parceria entre irmãos, pode ter dois a seis ou mais irmãos. Irmãos têm maior tendência a qualquer método participativo de abordagem consultiva para a tomada de decisão (cf. Alderson, 2009). A terceira geração tende a ser um grande consórcio de primos que abraça a participação democrática e faz decisões principalmente por maioria de votos. A tomada de decisão participativa pode aumentar a quantidade de conflito cognitivo positivamente relacionado em empresas de geração múltipla; no entanto, em firmas de primeira e segunda geração, não foi esse o caso identificado em Eddleston et *al.*, 2008). Eisenhardt et *al.* (1997) mostraram que o conflito tendia a atrasar o processo de decisão; inversamente, a resolução de conflitos foi associada à rápida tomada de decisão.

Acredito que o CA deve ser estimulado pelo presidente a divergir e discutir os pontos de forma franca, aberta e pautada em conhecimento e dados. Dificilmente, isso será alcançado se o CEO acumular ambas as atribuições. As questões emocionais da família devem ficar no conselho da família.

3.4 Conflito Intrafamiliar

Nesta subseção, trato do Conflito Intrafamiliar, ou seja, intempéries que frequentemente conflituam o lado profissional e pessoal das famílias.

Quando uma empresa familiar aumenta em idade, o número de funcionários e proprietários familiares também aumenta. Naturalmente, as famílias crescem. O conflito aumenta devido às diferenças de objetivos e de estratégias. Normalmente, o conflito interpessoal dentro da família é causado pela rivalidade entre seus membros. Boa parte das empresas no mundo é propriedade ou controlada por famílias. Cerca de 80-95% de todas as empresas nos EUA são familiares ou controladas (cf.

Astrachan e Shanker, 2003; Ward, 1987) e 35% das maiores americanas do Fortune 500[25].

As gerações mais novas não aceitam perder padrão de vida e isso impõe aumento proporcional de geração de caixa da empresa o que, normalmente, não ocorre. No caminho inverso, é comum a família ocupar diversas funções que nem sempre são indispensáveis e com frequência com remunerações não compatíveis. Essa realidade costuma corroer o caixa da empresa.

O fraco desempenho em geral das empresas familiares com vários membros da família presentes sugere segundo Miller et *al.* (2007) que os fundadores e seus familiares podem nem sempre compartilhar a mesma visão e podem, até mesmo, experimentar graves conflitos de interesse. Os membros da família que detêm um grande número de ações podem cooperar com o fundador para magnificar seu poder e influência na empresa, perseguir egoisticamente seus próprios interesses e minar a liderança dos controladores por exemplo.

Quando o sistema familiar, muitas vezes, é construído pela ganância e com preocupação excessiva aos bens materiais. Este lida com ressentimentos profundos e arraigados, emoções, conflitos interpessoais, rivalidades, desconfiança, favoritismo e altruísmo unilateral, assim, são combinados com o sistema de

---

[25] Cf. Miller e Le Breton-Miller, 2005.

negócios em que emprego de membros da família, identidade social e riqueza financeira estão intimamente entrelaçados, os problemas se multiplicam imensamente (cf. Hilburt-Davis e Dyer, 2003; Poza, 2009). O conflito cresce exponencialmente com a idade e o crescimento da empresa.

Van der Heyden et *al.* (2005) descrevem, em sua obra, a importância da justiça nas relações intrafamiliares relacionados com a empresa familiar. O protocolo ou acordo familiar é uma importante ferramenta de Governança Corporativa, pois quando as famílias não têm uma articulação explícita das responsabilidades, demandas e recompensas da afiliação familiar em relação aos negócios, elas criarão expectativa irreal ou "contratos psicológicos" com a empresa e a família. Essas irrealistas expectativas podem afetar os sentimentos de justiça, os níveis de conflito entre familiares nas relações com a empresa e podem diminuir o comprometimento da família partes interessadas e à empresa familiar. É comum e recomendado precisar de profissionais especializados para fechar esse acordo / protocolo, mas é possível fazê-lo sem apoio.

Bertrand et *al.* (2008) apontam que "as teorias (existentes) geralmente ignoram o fato de que as famílias são compostas por membros individuais que têm seus próprios objetivos pessoais e reivindicações sobre a empresa familiar." Empiricamente, Miller et *al.* (2007)

documentam uma diferença significativa entre empresas fundadoras solitárias e empresas familiares múltiplas, porque a propriedade de outros membros da família pode introduzir fontes únicas de conflito, como disputas de parentesco, em empresas familiares.

Com base nessas quatro considerações, apresentamos um modelo de processo para o desenvolvimento de protocolos familiares. Preferencialmente deve-se fazer um comitê ou conselho familiar para debater questões que envolvem a empresa e com isso evitar levar ao CA questões não relacionadas à empresa, sua estratégia e seus resultados. Esse conselho melhora a comunicação e reduz conflito de assimetria de informações dentro família, questão a ser abordada a seguir.

*"Não se preocupe, esse é o nosso
protocolo de tomada de decisão"*

3.5 Outros Conflitos

Mesmo nos Estados Unidos, onde a propriedade é relativamente dispersa[26], ratificam que as famílias estão presentes em mais 1/3 do S&P 500 e respondem por 18% do patrimônio líquido em circulação.

Além disso, pesquisas recentes documentam que as empresas familiares apresentam diferenças significativas em relação às empresas não familiares em muitas dimensões: contábeis, incluindo assimetria de informações, qualidade dos ganhos, governança corporativa, valor da empresa e desempenho.[27]

---

[26] Cf. La Porta et *al.*, 1999; Anderson e Reeb, 2003.

[27] Lennox, 2005; Dechun, 2006; Ali et *al.*, 2007; Chau & Gray, 2010.

Por gerações, famílias em muitos países do mundo seguiram a lei da primogenitura, em que o homem mais velho herda a propriedade. Muitas mulheres bem qualificadas deixaram suas empresas familiares e foram em busca de seu futuro em outro lugar. Na última década, no entanto, as mulheres têm sido cada vez mais líderes nas empresas familiares e a proporção de mulheres como sucessoras aumentou. Em 1994, apenas 2% dos CEOs eram mulheres, mas em 2005, 9,5% dos CEOs de empresas familiares eram mulheres[28]. As mulheres têm significativamente menos conflitos com seus pais, geralmente marcados por menos competição entre eles.

---

[28] Vera e Dean, 2005.

"A Responsabilidade Financeira é minha maior prioridade."

Um problema potencial de governança corporativa em tais ambientes é a assimetria de informações entre os acionistas majoritários (proprietários familiares) e os acionistas minoritários[29].

Essa assimetria define economias recentemente industrializadas, como Taiwan, além de suas contrapartes anglo-americanas[30], indicando que as perspectivas tradicionais da teoria da agência não são aplicáveis no contexto asiático.

---

[29] Cf. Young et *al.*, 2008.
[30] Cf. La Porta et *al.*, 1999.

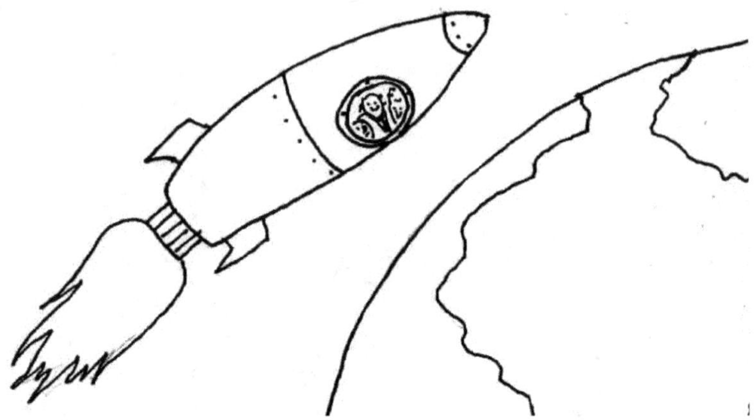

*"Que diferença faz uma mudança
de perspectiva..."*

89

CONSELHO DE ADMINISTRAÇÃO É SÓ PARA AS
GRANDES...MENTIRA!

4

Como resolver ou mitigar esses conflitos?

Estou propondo, neste livro, a criação de um CA como principal ferramenta de solução ou pelo menos a diminuição e prevenção de conflitos para otimizar os resultados da empresa. Há outras formas de mitigar ou prevenir esses conflitos de interesses e incluem incremento na governança corporativa. Devem-se incrementar processos, costumes, políticas, leis e instituições que afetam a forma como uma empresa é controlada - e esse é o desafio da governança corporativa. Verifica-se que tanto a propriedade da família quanto o envolvimento da família são negativamente relacionados à tomada de risco nas decisões.

Silva (2016) afirma que a Governança Corporativa traz um conjunto de processos, costumes, políticas, leis e instituições usados na administração da companhia, com o constante compartilhamento das informações entre seus acionistas), executivo e o Conselho de Administração, na elaboração dessas informações, na análise e na implementação de diretrizes e suas orientações, necessários para que a companhia possa alcançar seus objetivos perante ao novo mercado. Por serem sistemas complexos, requerem constante avaliação, prevenção e análise dos riscos, de forma a minimizar possíveis perdas, manter as metas e as regras reguladoras, que auxiliam ao bom andamento dos processos entre as partes envolvidas.

Uma ampla gama de mecanismos de governança pode ser usada para mitigar um ou mais dos tradicionais problemas de agência ou principal em empresas: concentração de propriedade, conselhos de administração, redução do fluxo de caixa livre por meio de dívida ou dividendos, aquisições corporativas, unificações de dupla classe e proteção legal (ou regulatória) do investidor. Além disso, em empresas familiares, existe um conjunto único de mecanismos para aliviar os conflitos: assembleias familiares, conselhos de família, conselhos de acionistas ou proprietários, constituições familiares e acordos de acionistas. Embora cada um desses mecanismos tenha sido projetado para resolver um conflito específico, eles muitas vezes têm um efeito em vários conflitos[31].

Vários exemplos e práticas de governança corporativa já foram dados ao longo dos capítulos anteriores, que acrescidos a outras, formam as onze ferramentas que vou recomendar, a saber:

> 1- Conselheiros Externos Independentes.
> 2- CA em número ímpar.
> 3- Criação do Conselho Familiar.
> 4- Acordo ou protocolo da família.
> 5- Aperfeiçoamento controles e fluxo de dados.
> 6- Política de dividendos constantes.
> 7- Apresentações realizadas pelos executores no CA.
> 8- Caixa baixo ainda que com dívida.
> 9- Auditoria Externa.
> 10- Acordo de Sócios incluindo sucessão
> 11- Instituir canal de comunicação com CA

Quadro 4 Ferramentas recomendadas

Importante notar que a lista não é exaustiva e há diversas outras ferramentas não citadas.

4.1 Conselheiros Externos Independentes

Os Conselheiros Externos Independentes estão entre as mais eficazes ferramentas para mitigar e prevenir o conflito principal-principal e de agência. Na minha visão, se for bem explorado permitindo a esses profissionais mediar conflitos, presidir conselhos de ética, canal denúncia e qualquer outro tipo de ferramenta de gestão que seja necessária isenção. A própria auditoria externa

---

[31] Cf. Belen Villalonga & Raphael Amit, 2012.

deve ser acompanhada até a conclusão do relatório por esses profissionais.

Recomendo escolha de, no mínimo, dois conselheiros externos reconhecidamente competentes e isentos numa decisão da família em votação com lista de opções aberta. Um dos conselheiros de finanças e o outro relacionado ao negócio. Se cada profissional desses ganhar cerca de 10% do salário (ganhos) do CEO representarão apenas 20% do salário do CEO e serão os únicos membros do CA remunerados. Devem ser contratados como pessoa jurídica ou por instrumento particular sem vínculo e as atribuições devem constar claramente no contrato. Um mandato até três anos pode ser considerado desejado. Em raros casos deve ser renovado por igual período. Acredito que a "oxigenação" é bem-vinda ao CA.

Há efeitos da atuação dos conselheiros externos na lucratividade. Em especial, nas análises de risco, podem ser observados e têm um efeito positivo e significativo nas decisões. Além disso, os conselheiros externos moderam positivamente a relação entre envolvimento da família e tomada de riscos necessária para decidir pelas melhores alternativas de investimento e negócios.

Um estudo em Taiwan realizado por Weichieh Su & Cheng-Yu Lee, em 2012, mostram claramente que as empresas familiares que adotaram conselheiros externos independentes alcançaram um nível muito superior na tomada de decisão de negócio. Mostraram também que as empresas familiares têm mais desempenho na análise de risco quando a proporção de conselheiros externos é alta do que quando é baixa.

Os mesmos autores demonstraram que os conselheiros externos desempenham um papel importante nas empresas familiares que os nomearam voluntariamente. O estudo utilizou um teste denominado *Chow* e o efeito moderador dos conselheiros externos sobre propriedade familiar mostra que nomeados voluntariamente trazem mais valor para as empresas familiares.

Conselheiros externos são muito favoráveis à tomada de decisões envolvendo risco em empresas familiares. No entanto, os efeitos desses conselheiros são limitados durante transição institucional.

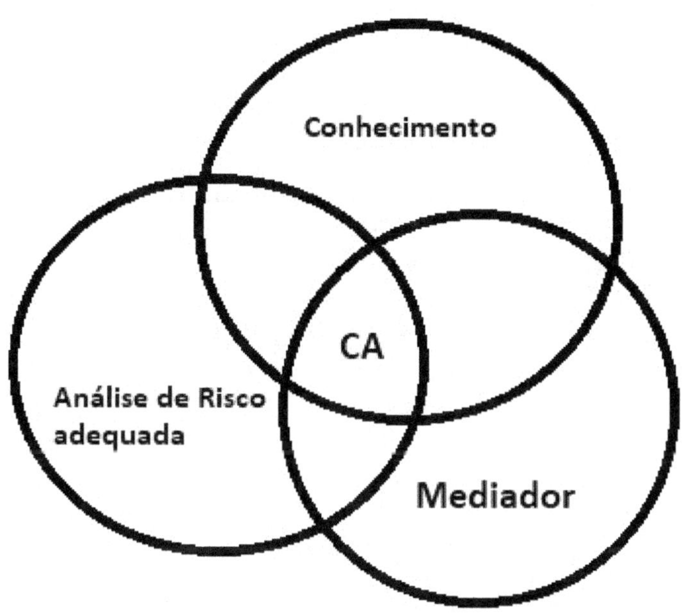

Fig. Benefícios da Adoção de Conselheiros Externos

É evidente que a presença dos conselheiros externos isentos e competentes reduz conflito principal-principal. Por isso, vale qualquer esforço para não entrar um conselheiro externo que atue em prol de um dos acionistas.

Um estudo no sudeste asiático realizado com empresas familiares com participação média da família de 22,5% da propriedade, mostra que essas mesmas famílias detêm 42,6% dos acentos do CA. A proporção de conselheiros externos, no entanto, é de 18,2%. É um fenômeno ter membros da família envolvidos nos negócios e CA, mas ainda é incomum ou baixa a proporção de conselheiros externos.

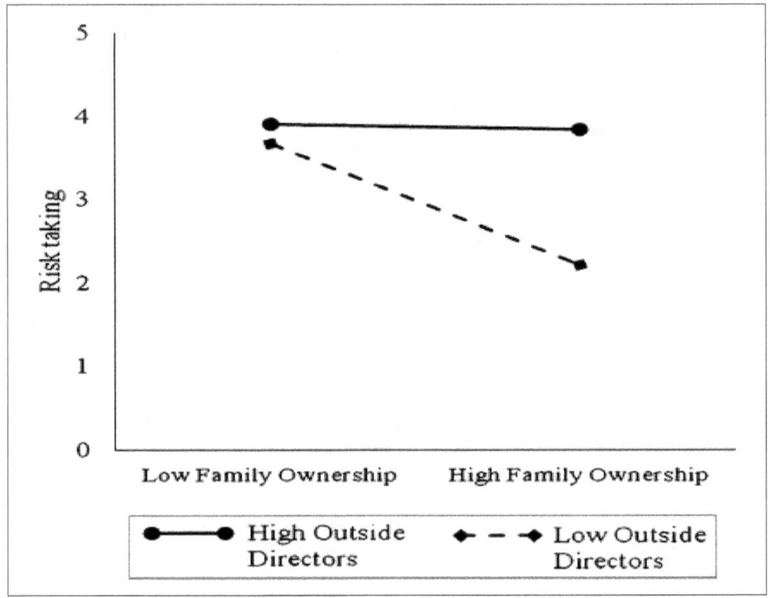

Artigo de Weichieh Su & Cheng-Yu Lee

O gráfico mostra que os entes familiares que detêm maior participação (*high family ownership*) acionária (ou cotas) têm aversão a risco. Como já mencionado, o foco costuma ser na sobrevivência da empresa. Por outro lado, em geral, os conselheiros externos (*outside directors*) têm condições mais adequadas para a tomada de decisão mais adequada à companhia avaliando riscos e retornos.

4.2 CA pequeno em número ímpar

Conselhos totalizando membros em número ímpar para evitar empate em votações da pauta e preferencialmente com 5 ou 7 membros. Acima de sete membros eleva-se o custo, dificulta alcançar consenso e reduz a relevância dos conselheiros independentes.

4.3 Conselho Familiar

É comum o "clima" da família "esquentar" quando o assunto é a empresa. Também é normal as diferenças ficarem veladas. Todos, em teoria, zelam ou acreditam que zelam pela longevidade da empresa. Definitivamente, o CA não é o local adequado para tratar de problemas restritos à família.

Normalmente, os problemas não são debatidos, de forma franca, madura e com objetivo definido. Por isso, o Conselho Familiar é tão importante. O papel desse conselho é equilibrar os interesses entre entes familiares, que, como já falado, tem valores, interesses e propósitos diferentes.

É mais uma ferramenta de governança que está diretamente ligado ao protocolo ou acordo familiar (a discutir no próximo item). Estimular as discussões maduras dentro da família com limites entre interesses familiares e empresariais. Ou seja, mitigar e gerir conflitos por meio da discussão com foco nos resultados e nos valores sem fugir e sem intriga como normalmente ocorre.

Esse item também está relacionado à sucessão familiar, proteção de bens e herança. A busca por discutir esses pontos evita a ruptura futura, em especial na morte do patriarca.

Na visão da Dom Cabral, um Conselho de Família bem estruturado trata dos desafios relacionados à convivência da família com o negócio. Temas delicados, como conflitos inerentes ao direcionamento dos negócios, às disputas pelo poder, à participação nos resultados e a outras aspirações pessoais, são tratados por esse órgão, principalmente por se entender que eles podem tomar grandes proporções e colocar em risco as relações familiares e, como consequência, a empresa.

Um ponto relevante é estimular a participação de todos os grupos familiares e das diversas gerações. Caso não seja possível escolher a liderança de pessoa da família com personalidade mediadora e com credibilidade, deve-se contratar profissional especializado. Há especialistas ou eventualmente até terapeutas capazes de executar esse papel muito bem. No entanto, esse profissional não carrega os valores de décadas da família e da forma de atuar empresarialmente. Ainda assim, por vezes, é a única opção.

A estruturação do Conselho Familiar assim como elaboração do protocolo, por vezes, demanda anos ou até década. Sem antecipar essa discussão, a empresa entra na estatística de morte já citada. Como dito anteriormente, 75% das empresas familiares brasileiras fecham após serem sucedidas pelos herdeiros e de cada 100 empresas apenas 7 chegam a terceira geração.

4.4 Protocolo da Família

Artigos diversos veem o protocolo da família como relevante[32], e deve abordar quatro importantes pontos a desenvolver:

(1) encarar o protocolo familiar como um processo e não apenas um documento. Essa visão de processo reconhece as diferenças entre as empresas familiares e a possibilidade de eventos de mudança no contexto.

(2) especialistas precisam ter conhecimento sobre a empresa para serem capazes de desenvolver um bom protocolo familiar capaz de ajudar a família e sua interação com a empresa e as áreas em que a família precisa de normas para administrar suas relações.

(3) Considerar a natureza dinâmica da empresa familiar. Ou seja, a composição da família pode mudar, ou o ambiente em que a empresa familiar opera também pode mudar e pode afetar o protocolo.

(4) Profissionais devem monitorar e avaliar o protocolo para ter certeza de que ele muda conforme as demandas da família e da mudança firme. Ao fazer isso, o protocolo da família pode se tornar uma ferramenta poderosa para gestão da relação entre filiação e os benefícios que podem ser obtido na empresa familiar.

---

[32] Gallo e Tomaselli, 2006; Tapies e Ceja, 2011.

Van der Heyden et al. (2005) descreve em sua obra a importância da justiça nas relações interfamiliares relacionados à empresa familiar. Esse protocolo ou acordo familiar é uma importante ferramenta de mitigação de conflito, pois quando as famílias não têm uma articulação explícita das responsabilidades, demandas e recompensas da afiliação familiar em relação aos negócios, elas criarão algo irreal, "contratos psicológicos" com a empresa e a família.

Essas irrealistas expectativas podem afetar os sentimentos de justiça, os níveis de conflito de familiares nas relações com a empresa podem diminuir o comprometimento da família, partes interessadas e à empresa familiar.

Trata-se de ferramenta muito eficaz no combate ao conflito intrafamiliar e cognitivo.

*"Conflitos internos? Onde você ouviu
falar que temos conflitos internos?"*

4.5 Aperfeiçoamento de controles e de fluxo de dados

Todo esse crescimento das formas de mídia, sistemas e fluxo de dados nas empresas necessita de um melhor controle de seus valores e dos níveis de Governança Corporativa.

Nesse sentido, Silva (2016) considera a governança corporativa como um sistema de aperfeiçoamento da gestão ao agregar valores ao administrativo e aos negócios empresa. A governança corporativa não é um modismo, é um sistema aperfeiçoado de gestão, porque dele emana o comportamento da diretoria executiva de passar mais informações ao mercado como maneira de agregar valor ao negócio e também de estruturar a administração da empresa para que o valor dos acionistas seja aumentado, através do mercado de capitais.

Com o crescente uso das tecnologias, surgem diversas facilidades, quanto à monitoração e controle das informações em tempo real. Seu início se deu com sistema simples de leitura dos dados, no início dos anos 50 até os primórdios dos anos 80, e a partir dos anos 90 vivencia-se um crescimento exponencial dessas tecnologias, com sistemas mais robustos e interfaces gráficas complexas, inicialmente implantadas por companhias renomadas como: a IBM, CISCO, Microsoft e outras.

4.6 Política de dividendos constantes

A Política de dividendos constantes é a distribuição de lucros mensalmente aos sócios, independentemente, do resultado obtido.

A política de dividendos também pode ser usada como um mecanismo para aliviar o conflito de Agência reduzindo o fluxo de caixa livre sob o controle dos gerentes (cf. Jensen 1986).

Faccio, Lang & Young (2001) descobriram que as empresas afiliadas a grupos na Europa pagam dividendos mais elevados do que na Ásia, reduzindo capacidade dos acionistas controladores de expropriar acionistas não controladores.

Villalonga e Amit (2006) e Gonzalez et *al.* (2014a) descobriram que as empresas familiares pagam dividendos significativamente mais baixos do que firmas não familiares nos Estados Unidos e na Colômbia, respectivamente.

Michaely & Roberts (2012) encontram que as empresas listadas e empresas fechadas com algum nível de dispersão de propriedade têm maior remuneração de dividendos que as demais.

Ao todo, a evidência empírica sugere que o desejo das famílias manter o controle de suas empresas pesa mais em seus objetivos do que a liquidez e os torna propensos a reinvestir uma grande fração de seus ganhos em vez de pagá-los como dividendos.

No meu treinamento para conselheiro na Fundação Dom Cabral em 2014, em um dado momento discutimos conflitos e ações de mitigação e vários acionistas, proprietários e CEO presentes relataram que "dividendos fortes significam conflitos fracos". Algumas empresas passaram a levar a política de dividendos regulares tão a sério que contraem dívida no período que o desempenho ficou abaixo para garantir os dividendos.

4.7 Apresentações ao CA realizadas pelos próprios executores

É muito comum verificarmos manipulação de dados e resultados por parte do CEO uma vez que ele é frequentemente o único canal regular entre a empresa e o CA.

Por esse motivo, sou amplamente favorável que o CA convide o executor do trabalho em pauta, normalmente pequeno gerente ou especialista, para apresentá-lo a seus membros. Essa prática valoriza o profissional autor do trabalho e permite um conjunto de perguntas a um profissional menos "preparado" para dissimular e/ou manipular informações.

Óbvio que se espera que o gerente tenha validado a apresentação com CEO, mas as perguntas livres feitas por pessoas preparadas podem mudar totalmente o entendimento e as respectivas decisões.

4.8 Caixa baixo ainda que isso signifique dívida

O Caixa baixo corresponde a manutenção do caixa livre da empresa propositalmente com valor inferior ao desejado.

A dívida pode atenuar o conflito de agência. Em primeiro lugar, mantendo constante o valor das participações gerenciais, pois quanto maior a alavancagem da empresa, maior a participação do gerente de capital e, portanto, maior o incentivo para se alinhar com os acionistas[33].

Em segundo lugar, níveis mais elevados de dívida podem induzir um maior esforço por parte dos gestores que desejam evitar falência[34].

Terceiro, por conta dos compromissos derivados de contratos de dívida, que reduzem ou eliminam o fluxo de caixa livre disponível aos gerentes para empreender

---

[33] Cf. Jensen & Meckling 1976.
[34] Cf. Grossman & Hart 1980.

projetos que não geram valor, o financiamento da dívida serve como um dispositivo útil para disciplinar os gerentes, conforme afirma Jensen (1986).

A dívida também pode amenizar o conflito entre acionistas da família e membros não acionistas da família, ajudando as famílias a manter o controle de suas empresas. Alguns pesquisadores acreditam que a necessidade de levantar capital externo e a emissão de dívida diminui a necessidade de levantar capital próprio, o que dilui o poder dos acionistas mais fortes da família detentores de mais capital. Nesse sentido iguala mais a relevância entre sócios.

As evidências sobre o nível de dívida das empresas familiares em relação às empresas não familiares sugerem que seu uso é limitado pelo desejo das famílias de garantir a sobrevivência de longo prazo de sua empresa.

Por outro lado, (Villalonga, 2011) declara que o conservadorismo financeiro das empresas familiares os serviu bem durante o período de crises, quando se saíram melhor do que as empresas não familiares, principalmente por esse motivo.

Particularmente, acredito que, no Brasil, essa lógica não funcione bem uma vez que as taxas de juros ainda estão entre as maiores do mundo. No entanto, estamos entrando em 2021 com patamares de juros que podem tornar essa medida de mitigação de conflito interessante.

4.9 Auditoria Externa

Chiraz Ben Ali & Cédric Lesage (2014) utilizaram uma amostra de empresas americana, em 2014, no período de 2006-2008 e os resultados mostram: (1) uma relação negativa entre os honorários de auditoria e propriedade da família e (2) uma relação negativa entre honorários de auditoria e a presença de um acionista controlador familiar.

Ou seja, empresas familiares podem ter auditorias externas mais baratas uma vez que as informações mais relevantes costumam ser coletadas ou encontradas mais facilmente. O acesso às pessoas chave e decisivas também costuma ser mais fácil. É necessário cuidado na contratação evitando conflito principal-principal.

Particularmente sou favorável à alternância ano a ano entre empresa auditora de mercado com empresa Junior de Universidades de alto nível. Essa prática reduz consideravelmente os custos e permite visões diferentes e até recomendações diferentes a avaliar. Ao fechar contrato de dois anos (períodos) com cada, a empresa estará coberta por quatro anos. Também acredito que essas empresas não devem se manter consecutivamente. Acho natural repetir, mas desde que não consecutivamente. Adicionalmente, dessas dicas além de mitigar muito dos conflitos já conhecidos por nós também permite maior diversidade e multidisciplinaridade constante. Hoje, sabemos que os problemas reais cada vez mais demandam soluções interdisciplinares.

4.10- Acordo de Sócios e plano de sucessão

Se apenas a família detém a propriedade da empresa, o acordo de acionista pode e deve estar dentro do conselho familiar.

A reunião ou assembleia de deliberação de sócios é o órgão máximo da sociedade tendo em vista as deliberações das matérias consideradas imprescindíveis para o bom andamento da empresa. Neste âmbito estão inseridas as empresas familiares, de modo a família possa deliberar sobre a sociedade e manter os controles necessários ao bom andamento nos mais diversos aspectos da sociedade[35].

Os acordos entre sócios que tratem de compra e venda de suas participações, preferência para adquiri-las, exercício do direito ao voto ou do poder de controle:

- Devem estar disponíveis e acessíveis a todos os demais sócios. Nas companhias abertas, deverão ser públicos e divulgados no website da organização e da Comissão de Valores Mobiliários (CVM);

---

[35] CASILLAS; VÁSQUES; DÍAS, 2007.

- Devem conter mecanismos para resolução de casos de conflito de interesses (vide 6.2) e as condições de saída de sócios (vide 1.7);

- Não devem vincular ou restringir o exercício do direito de voto de quaisquer membros do Conselho de Administração, os quais deverão cumprir fielmente seu dever de lealdade e diligência com a organização. Esse dever deve sobrepor os interesses particulares daqueles que os indicaram;

- Devem se abster de tratar sobre a indicação de quaisquer diretores para a organização.

Ainda que os negócios estejam bem conduzidos pelo patriarca e este goze de boa saúde, inúmeras são as empresas que não sobrevivem à segunda geração, porque não estão preparadas profissionalmente por ignorar o fator sucessão. É prudente pensar que possa ocorrer uma eventual perda de capacidade ou morte daquele que conduz os negócios, de modo a deixar para os herdeiros do patrimônio, obrigações que não estão em condições cumprir[36].

Tecnicamente, o plano de sucessão não deixa de ser como o seguro de vida, pensa-se em fazer o seguro, mas é algo que não se quer que seja utilizado. Porém, num eventual momento de perdas e catástrofes, com certeza

---

[36] Cf. MAMEDE e MAMEDE, 2014.

pensará no por que não tê-lo feito (cf. BERNHOEFT; GALLO, 2003).

Qualquer transição exige paciência, vontade de fazer e muito trabalho. Trata-se de uma questão que coloca à prova a capacidade daqueles que estão no comando não só da geração atual, mas das futuras gerações (CURADO, 2010).

Um acordo de sócios e um plano de sucessão são ferramentas construídas mediante muita discussão e debates. Pode levar mais de ano para serem construídas, mas esse esforço é "barato" e pequeno ao notarmos em dezenas de estudos que podem permitir a sobrevivência da empresa. Pessoalmente, recomendo que sejam feitos por um profissional especializado uma vez que deve ser necessário mediar posições antagônicas e chegar a um denominador comum.

De modo geral, acredito que implementar práticas de governança, em especial a criação de um Conselho de Administração (CA) é recomendável a todas as empresas. O amigo leitor pode refletir assim: "A empresa do meu avô tem pequena fabrica no terreno onde ele morava com duas lojas somente e fatura apenas três milhões de reais anuais então não se aplica." Discordo !!

Somente nos casos de comércios "individuais" (lojas únicas) administradas pela própria família considero desnecessário. São casos em que muitas vezes o quadro de empregados é inferior a cinco pessoas e toda a atividade mais relevante está concentrada em uma única pessoa. Todas as demais só atendem. Ainda assim, vale criar um conselho da família para forçar a discussão e reflexão sadia a cerca dos assuntos da empresa.

4.11- "Canal de Denúncia" ou "Fale com o Conselho de Administração" ou "Ouvidoria"

É importante a empresa criar um canal ou veículo direto com o CA. Todos os membros do CA devem receber as informações oriundas de canal. Trata-se de mais uma das muitas medidas mitigadoras listadas no livro, mas não é das mais relevantes.

No entanto, o custo de implementação é zero e pode evitar desvios de conduta e fraudes, permite o CA receber boas ideias, incentivar inovação, se comunicar com o público interno da empresa etc.

Para obter mais resultados não deve ter um nome de denúncia ou Ouvidoria como as opções colocadas no título. Acredito ser mais eficiente um nome neutro como "Fale com o Conselho de Administração", pois nesses casos pode-se aproveitar muito mais o canal. As comunicações com público interno e externo devem estimular o uso e deixar claro a confidencialidade da informação.

5

Aprofundando alguns pontos interessantes

Aqui, vou replicar informações de artigos que escrevi com amigo Andre da UFF e a Professora Patrícia Prado da Northumbria University. Pesquisamos conflitos de interesse e de governança corporativa em empresas familiares entre 1998 e 2019, por meio de análise de co-palavras, análise de coautor, análise de periódico, análise de instituição e análise de país.

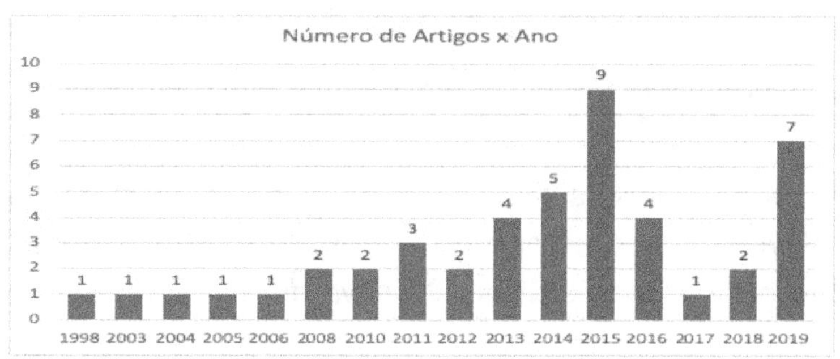

Número de artigos sobre Empresas Familiares, Conflitos e Governança Corporativa da base Scopus após o refinamento em 1998 e 2019

Apenas 46 registros bibliográficos internacionais da base de dados da *Scopus* foram selecionados e analisados ao cruzar (na língua inglesa) os termos chave: "empresas familiares", "governança" e "conflitos de interesse".

Interessante notar que a despeito do conflito principal-principal ser mais grave e relevante em empresas familiares, o conflito de agência apareceu mais vezes. No entanto, alguns artigos também consideraram conflito de agência quando o agente (administrador) age contra os interesses dos demais sócios em comum acordo com o acionista mais relevante.

Os termos chaves mais encontrados foram:

- corporate governance (29 vezes)

- family firms (25 vezes)

- ownership structure (7)

- agency theory (5)

- family ownership (5)

- principal conflicts (4)

Nessa mesma linha, construímos um diagrama de palavras usando todo o conteúdo dos 46 artigos internacionais a partir do *www.wordclouds.com* e alguns termos como custos de agência (administrador) ou sócios minoritários são dicas para reflexões nesse livro e futuras.

O diagrama também deixa claro que o grande tema nesses 46 artigos é "Governança Corporativa". Notem que vários estudos chamam o conflito de agência de teoria de agência. A análise também permite checar as inter-relações entre esses termos chaves (rede de palavras chave co-ocorrentes) conforme a próxima figura ilustra bem.

Nessa análise, chamo a atenção para as seguintes curiosidades:

- relação "custo de agência" com "firmas familiares".

- relação de "governança" e "conflito de agência".

- surgimento do termo "Conselho independente".

- a conexão e relevância do termo "governança corporativa" com quase todos os demais, em especial custo e conflito de agência.

- o pouco destaque ao mais relevante conflito nas empresas familiares (principal-principal).

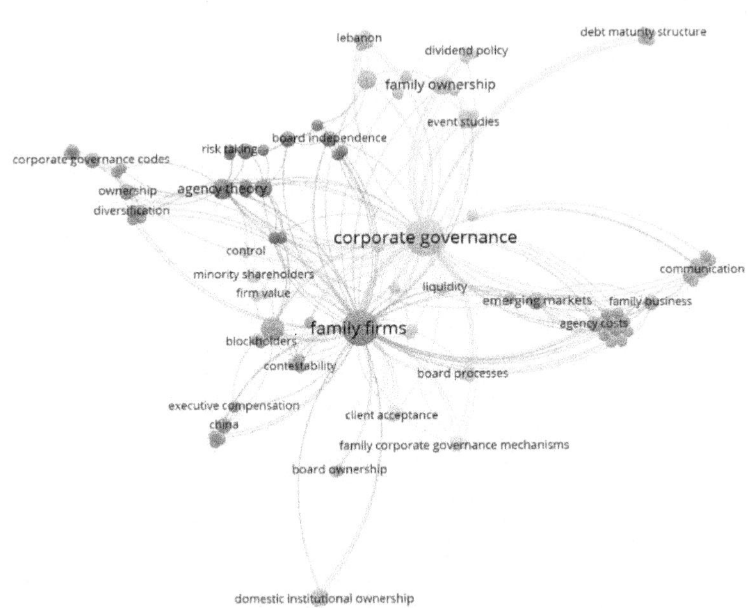

Várias outras reflexões podem ser feitas por meio desses diagramas. Cada país tem sua peculiaridade, mas ficou claro que empresas familiares do mundo todo possuem problemas similares e soluções de governança para mitigar ou resolver esses problemas e conflitos. Notam-se claramente um avanço ou incremento de estudos e publicações a partir de 2012 o que evidencia o despertar do mundo há poucos anos para a relevância do tema em empresas familiares. Cenário bem diferente das empresas de sociedade anônima que já tem até legislação consolidada no mundo inteiro.

Dado a já citada relevância das empresas familiares perante o PIB nacional e internacional e perante a quantidade de empregos, surpreende estarmos estudando as aplicações mais efetivas da governança corporativa em empresas familiares há tão pouco tempo.

Mais surpreendente ainda é a resistência dos acionistas, de modo geral, em especial do patriarca na implementação de tais ferramentas de gestão. Aqui, destaco novamente que implementar o CA e demais ações de governança não garantem em absoluto a boa saúde financeira eterna da empresa. No entanto, a ausência dessas, quase garante a morte prematura dessas empresas.

Outro ponto a ressaltar é o custo de tais implementações. A maior parte das ações é realizada pelo mesmo efetivo de pessoas, sistemas, instalações e ferramentas já adquiridas. Os custos de fato adicionais são:

(1) Os dois conselheiros independentes contratados como PJ – se receberem 10% a 15% da remuneração de um diretor onerariam a empresa em 20% a 30% dessa remuneração fixa.

(2) A auditoria externa.

(3) Eventuais honorários de Contabilidade (normalmente feito por escritório contratado) para relatórios adicionais

(4) Eventuais honorários de advogados para construção de acordo da família ou de acionistas ou para refazer o contrato social etc.

(5) Implementação de sistemas de dados para apoiar o gerenciamento proposto.

Notem que apenas os custos (1) e (2) são permanentes, os demais são investimentos eventuais de baixo valor. Ainda assim, esses custos permanentes somados onerariam a empresa em bem menos da metade da remuneração fixa sem imposto de um único diretor. Exemplificando em números, para uma empresa que paga para seu diretor R$ 30.000 mensais fixos, gastaria cerca de R$ 10.000 mensais para manter toda a estrutura proposta (numa atual realidade).

Se um simples trabalho solicitado e acompanhado pelo CA de melhoria de processo ou de automação/sistematização de processos reduzisse dois empregados (salário aproximado de R$ 2.500 mensais mais impostos) já pagaria a implementação do Conselho de Administração (CA).

A própria presença do CA permanentemente pedindo dados e relatórios aos gestores já inibe ações deletérias aos acionistas. Uma manipulação de dados para otimizar a remuneração variável dos diretores e CEO gera normalmente prejuízo dezenas ou até centenas de vezes maior à empresa.

Uma recomendação tributária da Auditoria Externa ou de um dos conselheiros independentes pagaria com sobras esse custo do CA por anos.

Diversos outros exemplos contábeis, operacionais, financeiros eu poderia dar aqui ilustrando que o custo do CA se paga mesmo nos casos onde esse não alcança eficiência desejada. Importante reforçar que para conseguir custos baixos de implementação é necessário seguir as dicas deixadas aqui no livro.

A seguir, listo os conflitos do capítulo 3 e ações mitigadoras de governança corporativa do capítulo 4 e os correlaciono. Nota-se que não há ação mitigadora única para atacar determinado conflito. Em verdade, o conjunto das ações deve ser implementado. Apesar disso, destaco as ações (1) (3) (4) (6) como as mais eficazes para obter maior retorno de longo prazo para a empresa familiar.

CONFLITOS (CAP. 3)

1 Conflito de Agência ou principal-agência
Ações Mitigadoras: (1) (3) (4) (5) (7) (8) (9) (11)

2 Conflito Principal-Principal
Ações Mitigadoras: (1) (2) (3) (4) (6) (8) (10)

3 Conflito Cognitivo
Ações Mitigadoras: (1) (2) (3) (4) (6)

4 Conflito Intrafamiliar
Ações Mitigadoras: (1) (2) (3) (4) (6)

5 Outros Conflitos
Ações Mitigadoras: (todos)

AÇÕES MITIGADORAS DE GOVERNANÇA (CAP. 4)

(1) Conselheiros Externos Independentes
(2) CA pequeno e em número ímpar
(3) Conselho Familiar
(4) Protocolo da Família
(5) Aperfeiçoar controles e fluxo de dados
(6) Política de dividendos constantes
(7) Apresentações ao CA realizadas pelos próprios executores
(8) Caixa baixo ainda que isso signifique dívida
(9) Auditoria Externa
(10) Acordo de Sócios e plano de sucessão
(11) "Canal de Denúncia" ou "Fale com o Conselho de Administração" ou "Ouvidoria"

6

O que pautar e priorizar?

Cada empresa define a pauta de seu Conselho de Administração (CA) de acordo com as prioridades, natureza do negócio, nece   es relacionadas às sazonalidades, períodos fiscais etc. No entanto, há inúmeros itens recorrentes que merecem atenção mensal, e, portanto, vou ousar sugerir pontos para uma pauta "genérica" dividida em sete partes desiguais.

Assumindo a hipótese de uma reunião mensal de dia inteiro, os assuntos são:

1- Estratégia (1 a 2h)

2- Desempenho (1 a 2h)

3- Gestão (1 a 2h)

4- Acionistas (1h)

5- Gerais, Extramuros, Sociedade e ESG (20 min)

6- ATA e afins do CA (30 min)

7- Conselho fiscal e de Auditoria (1h)

Esse último assunto sem a presença do CEO (presidente ou número 1 da empresa).

Todos os relatórios e dados relacionados com a pauta devem ser mandados com antecedência, lidos e estudados por todos os membros do CA. Deve-se estimular que os membros liguem diretamente para o corpo gerencial no sentido de entender e coletar mais esclarecimentos. Assim, espera-se que o dia da reunião do CA seja muito mais rico e eficaz. Entender no momento da reunião normalmente não permite a melhor tomada de decisão.

6.1 Estratégia

Como já abordei em outros pontos do livro, esse é um dos assuntos mais relevantes a ser tratado em empresas familiares, pois é muito frequente não ser estudado.

Percebe-se que não só no Brasil, mas em todo o mundo, é comum esse assunto estar restrito no máximo à cabeça do fundador ou do CEO atual (filho do fundador por exemplo).

O posicionamento do mercado, por exemplo, enquanto empresas de cigarro ou de cerveja monitoram o mercado dia a dia com relatórios e planos de ação agressivos, empresas familiares por vezes nascem, amadurecem e morrem sem ter realizado um estudo do mercado.

Mesmo sem pagar empresa especializada para obtenção de relatório completo do mercado, é possível fazer análises dos movimentos dos *players*, acompanhar o ambiente (local, regional, nacional e internacional) e o segmento econômico que mais impacta a empresa. Isso permitirá traçar tendências, priorizar investimentos e orçamento, além de revisar o mapa estratégico.

Essas análises devem permitir revisão dos objetivos e das diretrizes da empresa, desdobramento das estratégias macro em metas e planos de ação para a diretoria.

6.2 Desempenho

Nessa parte, o CA vai acompanhar e avaliar o desempenho do CEO. Os dois primeiros itens listados da pauta são de fato os mais importantes e devem demandar mais tempo. São prioridade!

Após desenvolver a estratégia, é necessário verificar se a empresa está "caminhando no sentido definido e na velocidade" necessária para maximizar os resultados da empresa. Assim, todo o monitoramento dos projetos, monitoramento do retorno dos ativos, relatórios de desempenho operacional, e até monitoramento do resultado propriamente dito é visto nesse momento da reunião. Aqui medimos a eficácia.

Um ponto que considero relevante para a correta análise de desempenho é permitir que os relatórios sejam gerados de dados sem manipulação. Quando os relatórios são realizados em *powerpoints* editados pelos mesmos profissionais que serão avaliados há conflito de interesse e se inicia um "mundo" de expurgos. Todos os desempenhos ruins são expurgados justificando a motivo alheio e isso não ajuda o CA. Dados ou indicadores de venda devem vir do faturamento por exemplo. "Quase vendi" ou "vendi, mas não pagaram" é o mesmo que "não vendi". Outro exemplo, dados do comercial e do marketing devem ser de origem direta dos clientes. Cliente preenche no sistema e a área comercial não tem acesso ao processamento dos dados, somente ao resultado. Em todas as empresas que trabalhei isso foi crítico. Dados ruins geram interpretações ruins e péssimas decisões.

6.3 Gestão

Nessa parte, assim como no Desempenho, o CA vai acompanhar e avaliar o desempenho do CEO. Mas dessa vez, o CA vai acompanhar a gestão, ou seja, "como" o CEO está atuando. No item anterior, o CA avalia "o que" a empresa está gerando de resultado. Aqui medimos a eficiência.

Diversos temas entram nessa parte da reunião, tais como:

- política de recursos humanos;

- treinamento e retenção de talentos;

- pesquisa de clima organizacional;

- incentivos à inovação;

- uso e necessidade de tecnologia;

- eventuais revisões de metas;

- procedimentos e normas;

- efetividade da comunicação;

- contratos;

- efetividade do marketing;

- efetividade comercial;

- resultado financeiro;

- etc.

6.4 Acionistas

O CA tira propositalmente a relevância dos proprietários nas tomadas de decisão da empresa. Esse é um dos motivos que defendo a política regular e garantida de dividendos, inclusive como estratégia para sensibilizar acionistas a criar o CA.

Em função disso, acredito ser saudável abrir um espaço na pauta específico aos acionistas. O foco desse item da pauta é o relatório de demonstrações financeiras, mas diversos outros assuntos podem e devem entrar nessa parte da reunião.

Como os relatórios citados são trimestrais, acredito que é um item da pauta que levará de uma hora a duas horas a cada trimestre e menos de trinta minutos nos demais dois terços de meses.

Empresas que sobreviveram após a morte ou saída do fundador podem ter inúmeros membros da família como cotistas de forma que um membro do CA, por vezes, representa três ou quatro irmãos. Assim, nesse espaço, ele poderia levar as preocupações discutidas por eles no conselho da família ou simplesmente um pleito de um dos irmãos (minoritários).

Recomendo às pessoas responsáveis pelas decisões da empresa do tipo Ltda, transformá-la em S.A. Fechada. A legislação das S.A. é antiga, consolidada e com vários desses conceitos abordados aqui arraigados. Em caso de manutenção da empresa como Ltda, deve-se amarrar a decisão tomada pelo CA à decisão dos sócios para não as tornar "sugestões" ou para não transformar o CA em conselho consultivo. Se todos os cotistas estiverem no CA, o problema está resolvido, pois a assinatura da ATA já incluirá os cotistas. Ou seja, se a empresa tem cotistas não presentes ao CA, deve ser combinado amarração jurídica entre cotistas para não transformar o CA em conselho consultivo, sem poder de decisão.

6.5 Gerais e ESG

O ESG (*environmental, social and governance"* (ambiental, social e governança, em português) será abordado no próximo capítulo motivo pelo qual não vamos detalhá-lo. Importante entender que essa tendência é irreversível. Ou seja, independentemente de sua visão sobre o tema, o sistema vai começar a "fechar as portas" para quem ignora o tema sustentabilidade.

Exemplificando melhor, se sua empresa presta serviço para uma grande empresa, há uma tendência dessa grande empresa considerar suas ações de sustentabilidade na licitação ou bid que estiver disputando. Ou exemplo, sua empresa quer aumentar ou contratar uma linha de crédito. O fundo ou banco tem taxa melhor para empresas que demonstram bons indicadores de sustentabilidade. Ou seja, está deixando de ser diferencial ter bons indicadores de sustentabilidade para ser essencial. Sendo assim, deixou de ser uma questão apenas de consciência para se tornar literalmente uma questão de sobrevivência. Ironicamente ou não "sustentabilidade" significa "sobrevivência".

6.6 ATA e afins do CA

Importante a ATA ser construída a cada passo, a cada decisão ou informação, sendo validada pelos presentes à mesa. Por exemplo, após apresentação e discussão de um determinado tema, a pessoa que está fazendo a ATA projeta a redação para validação de todos e isso funciona como um "sinal verde" para avanço de pauta. Deixando o fechamento da ATA para o fim, algumas discussões sem consenso vão retornar e assim aumentando muito o risco de fechar o dia sem decisão.

Como as reuniões devem ter periodicidade mensal, pode-se adiar um mês a decisão apenas por não seguir essa dica. Portanto, recomendo destinar um tempo curto (o mais breve possível) para questões do próprio CA, mas não recomendo um item da pauta para a ATA uma vez que essa será construída ao longo da reunião.

Deve-se usar uma norma de língua clara e objetiva. Frases curtas com estrutura em tópicos. Ou seja, tudo para evitar dupla interpretação futura.

6.7 Conselho fiscal e de Auditoria

Muitos acreditam que um Conselho fiscal é ineficiente e ultrapassado, mas ainda é uma ação ou ferramenta efetiva de fiscalização para os acionistas, em especial minoritários. Ainda é crescente o número de conselhos fiscais e Conselhos de Administração nas empresas brasileiras e internacionais.

O percentual de empresas com ação na bolsa que adotam o órgão saltou de 65% em 2017 para 74% em 2018 (Anuário de Governança Corporativa das Companhias Abertas 2018-2019). Como tem caráter não obrigatório, podemos supor que é percebido valor. Nas grandes ou megaempresas normalmente seu estatuto social obriga um Conselho Fiscal formal.

Para o público-alvo do meu livro, atuando em perfil de empresa média ou pequena e familiar, não acredito que o Conselho Fiscal é imprescindível, no entanto, o trabalho executado por esse tipo de órgão deve ser executado em especial para mitigar o conflito principal-principal.

A pauta mensal do CA deve ser dividida colocando todos os assuntos que seriam tratados pelo Conselho Fiscal na parte final da reunião. Essa parte será sem a presença do CEO que pode ser substituído por um minoritário ou deixar o conselho com um a menos (em número par). Todos os assuntos relacionados com ouvidoria e atribuições equivalentes ao conselho fiscal devem ser tratados nessa parte final da reunião mensal.

Ou seja, essa parte da reunião deve ter foco na fiscalização dos atos dos administradores, com a verificação do cumprimento dos seus deveres. Por isso sou favorável dessa parte da reunião ser presidida pelo conselheiro externo (financista). Assuntos como:

- relatório de auditoria externa.

- modificação do capital social.

- emissão de debêntures ou bônus de subscrição.

- processos judiciais delicados.

- alterações no plano de investimento.

- falhas orçamentárias.

- mudanças na distribuição de dividendos e remuneração variável da diretoria.

- tratamento de reclamações de acionistas minoritários.

- processos de transformação societária, como por exemplo, aquisições ou desinvestimentos.

- denúncias, desvios de conduta, fraude etc.

Com relação a desvios de conduta, fraude ou similar, os conselheiros não devem se limitar ao canal de comunicação aberto. Compete a eles analisar e denunciar erros, fraudes ou crimes que descobrirem, e sugerir providências úteis à empresa. Por isso, sou favorável que as denúncias e relatos feitos pelo canal de comunicação sejam recebidos diretamente pelos conselheiros (CA). Nas empresas maiores e sociedades anônimas (SA) essas comunicações costumam ficar no âmbito interno da empresa. Ainda que em área diretamente ligada à presidência, a eficácia é menor. Além disso, aproxima o CA da realidade da empresa.

7

O tema sustentabilidade cabe às pequenas empresas? O que é ESG?

No capítulo anterior, abordamos preliminarmente o assunto "sustentabilidade" e o caráter irreversível do tema nos negócios mun Grandes corporações, bolsa de valores, indústrias, bancos, governos municipais, estaduais e federias do mundo inteiro, ONG's, entre outros estão promovendo ações e programas que devem no curto para médio prazo excluir do negócio as pequenas e médias empresas "não alinhadas" à sustentabilidade.

Nesse capítulo, vamos mostrar fatos que ratificam essa tese de forma a convencê-lo a introduzir o tema em sua empresa independentemente de sua opinião pessoal.

O momento atual é bem diferente da ECO92 há cerca de trinta anos e podemos notar milhares de ações efetivas dos setores público e privado. Ter bons indicadores de sustentabilidade hoje é uma vantagem competitiva, mas, em breve, será básico e necessário para ingressar nos negócios.

Mindfulness, *assessment*, B2B ou B2C, resiliência, IA (inteligência artificial), *accountability*, sustentabilidade, CEO, COO, CFO, *coach, compliance,* disrupção entre outras palavras ou siglas estão na moda há mais de dez anos. No entanto, vamos notar que no caso de "sustentabilidade", os fatos demonstram que veio para ficar.

Como já dissemos, sustentabilidade ou sustentável ou sustentado significa sobrevivência de médio e longo prazo. Essa palavra é frequentemente utilizada atrelada à palavra "desenvolvimento" ou à palavra "crescimento" com viés **ambiental ou social ou econômico**. Ou seja, são projetos, ações e estratégias relacionadas à sobrevivência da empresa no longo prazo em um ou mais desses três vieses sublinhados acima.

Importante ressaltar que centenas de ações sustentáveis podem ser feitas dentro de sua empresa sem ônus, sem aumentar o custo da empresa. No caminho inverso, há ações ambientais que eventualmente podem trazer ganho à empresa.

O viés ambiental trata da manutenção do meio ambiente de forma que nossa exploração não esgote os recursos naturais de longo prazo. Manter o desenvolvimento tecnológico sem exaurir os recursos naturais dos países. Na sequência detalharei um pouco mais, inclusive o viés social.

O viés econômico já é utilizado há muitos anos e mais fácil de sensibilizar os tomadores de decisão nas empresas. No entanto, em empresas familiares, conforme vimos ao longo do livro, conflitos de interesse podem empurrar a empresa a decisões não sustentáveis. Ser sustentável economicamente é decidir em projetos e ações com fluxo de caixa projetado favorável ou capaz de remunerar satisfatoriamente o esforço (investimento). Ou seja, VPL (valor presente líquido – valor atualizado de ganho considerando juros, pagamentos futuros e recebíveis subtraindo o investimento) "gordo".

A China, por exemplo, apresenta indicadores ambientais ainda bem distantes do desejado, mas o crescimento econômico é claramente sustentado. Conciliaram infra, investimentos, educação e tecnologia em cada segmento da economia e os resultados econômicos falam por si.

Uma indústria pode produzir adubos orgânicos ou biogás ou ureia ou qualquer outro "sub-produto" ao investir no tratamento de seus resíduos. Assim, cumprirá sua obrigação social, ambiental, moral e legal, contribuindo com a qualidade de vida do ser humano simultaneamente à geração de valor econômico.

ESG

Alguns atualmente também chamam de EESG e trata-se de uma sigla em inglês que significa *"environmental, social and governance"* (ambiental, social e governança, em português) ou *"economic, environmental, social and governance"*, geralmente usada para medir as práticas ambientais, sociais e de governança nas tomadas de decisão e projetos de uma empresa.

ESG indicam ações para medir (com ou sem indicadores instituídos - kpi) quanto um negócio busca formas de minimizar seus impactos no meio ambiente, mitigar seu impacto social, estabelecer processos de administração melhores e mais transparentes. Ou seja, indicadores que tentam medir o comprometimento das empresas na busca de um mundo mais sustentável, justo e responsável no longo prazo.

Cada vez mais, esses indicadores ESG têm sido usados como critérios de investimentos. Em vez de analisar apenas índices financeiros, por exemplo, investidores também observam fatores ambientais, sociais e de governança de uma companhia. Nos últimos anos, os grandes fiundos de investimento estão "rasgando" o modelo de negócio tradicional na avaliação de uma empresa. O "triple botton line" ou o fator econômico como único fator a considerar está cada vez mais dando espaço ao EESG que não abandona o retorno aos acionistas ou investidores, mas inclui pontos de governança, meio ambiente e responsabilidade social.

A sigla ESG surgiu pela primeira vez em um relatório de 2005 intitulado *"Who Cares Wins"* ("Ganha quem se importa"), numa iniciativa liderada pela Organização das Nações Unidas. Inúmeras instituições financeiras de 9 países diferentes desenvolveram diretrizes e recomendações.

O "E" de *environmental* (meio ambiente) visa avaliar as práticas de uma empresa em relação à conservação do meio-ambiente e sua atuação sobre temas como aquecimento global e emissão de carbono; poluição do ar e da água; biodiversidade; desmatamento; eficiência energética; gestão de resíduos; escassez de água entre outros. Numa empresa de Petróleo, por exemplo, combustíveis com fatores mínimos de metais pesados e ações para reduzir emissão de carbono são extremamente desejados.

O "S" de *social* está mais voltado para a relação das empresas com as pessoas que fazem parte da sua folha de pagamento, da cadeia fornecedora e impactadas pelas suas ações empresariais. Desse modo, satisfação dos clientes; relacionamento com a comunidade em especial das áreas de atuação da empresa; proteção de dados pessoais LGPD; diversidade; respeito aos direitos humanos e às leis trabalhistas; entre diversas outras ações de responsabilidade social.

O "G" de *governance* (governança corporativa) está diretamente relacionado ao tema desse livro. É o sistema ou conjunto de ações pela quais as empresas ou organizações ditam suas condutas administrativas e regem o relacionamento entre sócios, diretores, conselho de administração, demais conselhos, órgãos de fiscalização e controle etc. Assim, faz parte desse ponto: as regras, estrutura e composição dos Conselhos; a conduta corporativa desejada; a própria remuneração dos executivos; *compliance*, guia de conduta e código de ética, contrato social, independência dos processos de auditoria ou ouvidoria etc.

Exemplo Segmento Energético

Nos últimos dois anos há movimento crescente de grandes investidores mundiais exigindo balanço ambiental positivo das empresas em relação a gases de efeito estufa para liberar verba para os projetos. Como resultado (forçado), há uma escalada de crescimento na geração de energia fotovoltaica (solar) e eólica, inclusive no Brasil. Na carona desse movimento, os governos e seus bancos de fomento estão alinhados com essa tendência subsidiando juros e fomentando investimentos sustentáveis.

Há um compromisso global de utilizar 70% de energia renovável na produção de bebidas até 2030. Alguns grupos, imediatamente após o compromisso, já anunciaram que sua meta individual é atingir 100% de consumo de energia oriunda de fontes renováveis. Foi por exemplo o caso da Heineken, que prometeu fazê-lo até 2023.

Exemplo Brasileiro no Setor Financeiro

No final de 2020, uma das maiores corretoras de bolsa de valores no Brasil treinou mais de sete mil agentes e/ou assessores financeiros em análises de investimentos e/ou seleção de ativos utilizando critérios do ESG. Esse treinamento e respectiva disseminação deve alcançar mais de quinhentos mil pequenos, médios e grandes investidores brasileiros.

Apesar da lacuna de informações ainda presente, numa pesquisa feita por essa mesma instituição financeira, mais de 87% dos investidores são sensíveis ou tem interesse em ativos ou investimentos mais sustentáveis. Na Europa já é possível ver cobrança dos clientes ao não identificar práticas ESG na empresa.

Há fundos de pensão Californianos que há mais de dez anos já incluem critérios ESG como premissa na tomada de decisão de compra de ativos. Inicialmente ocupando percentual pequeno das carteiras e atualmente ocupando parte muito relevante. Há diversos relatos que as estratégias de ESG têm retorno acima dos *benchmarks* (referência) de mercado.

Em todo o mundo, os investimentos considerados responsáveis já ultrapassam os US$ 31 trilhões ou mais de 36% dos ativos financeiros totais, segundo dados da Global Sustainable Investment Alliance. Uma pesquisa da Morningstar com dados compilados pela Morgan Stanley, mostra que existiam 281 fundos de investimento nos EUA em 2019 com foco em ESG e isso representa um aumento de 144% em relação a 2004.

No Brasil, dados da Anbima (Associaçao Brasileira das Entidades dos Mercados Financeiro e de Capital) mostram que em junho de 2020 esta categoria de investimentos somou R$543,4 milhões com crescimento de 29% em relação a junho de 2019. Em valor relativo, os números brasileiros são muito pequenos ainda (12% do patrimônio dos fundos de ações), mas note que esses quase trinta porcento de aumento ocorreram no ano da pandemia do COVID-19.

Visão das Associações Brasileiras

No final de 2020, o IBGC lança um programa denominado "agenda positiva". São temas que na visão do IBGC devem ser considerados fundamentais pelas companhias na próxima década. É uma divulgação explícita do Instituto Brasileiro de Governança

Corporativa sobre o que considera prioritário nos próximos anos.

Trinta instituições participaram, inclusive grandes associações de classe nacionais. Foram debatidos problemas internos e externos das organizações e foi tratado o papel de transformação que as empresas têm na sociedade.

Entre as principais medidas recomendadas estão a adoção e disseminação de métricas relacionadas a questões ambientais, sociais e de governança corporativa. Adicionalmente, foram definidas ações de fomento do empreendedorismo, a criação de um ambiente de trabalho de confiança e segurança psicológica e a alocação de recursos financeiros e pessoas dedicadas a colocar em prática um plano de ação para ampliar a diversidade.

Pressão e alteração Regulatória iminente

A Lei das Sociedades Anônimas (SA) no Brasil é de 1967 e já estabelecia como deveres dos administradores das S.A. abertas os fundamentos do ESG. No entanto, além de constar, de forma macro, não estabelece as particularidades de cada segmento econômico. Os arcabouços legais são importantes em qualquer cenário e, de modo geral, podem ser impulsionadores ou inibidores do avanço ou progresso.

O Covid em 2020 aumentou a pressão regulatória mundial a respeito dos fundamentos do ESG. Inúmeras publicações vêm demostrando que empresas que investem nos fundamentos do ESG estão entre as de melhores resultados desmistificando de vez o sentimento de que "dá prejuízo" ser correto.

Adicionalmente, os grandes fundos de investimento têm constatado a resiliência do desempenho de seus fundos ESG frente à volatilidade e incerteza do mercado em tempos de crise[37].

Numa pesquisa de 2019, conduzida pela Deloitte, com os responsáveis pelo Relacionamento com Investidor (RI) das grandes empresas brasileiras, 46% disseram que adoção e acompanhamento de indicadores de ESG estão no topo das ações conduzidas por essas empresas. Está claro que o próximo passo é impor medidas similares aos fornecedores menores (pequenos). A dúvida é apenas quando eles vão passar a cobrar alinhamento à toda cadeia fornecedora.

Na Europa, várias novas regras, regulações e exigências estão surgindo a cada instante e gerando um movimento de ajuste constante dentro das empresas. As regras e compromissos de emissão de CO2 são apenas um dos exemplos.

---

[37] . Deborah C. Batista e Luciana Lanna, 2020.

No mercado financeiro brasileiro, por exemplo, há dois anos, a Resolução 4661/18 da Comissão de Valores Mobiliários (CVM) que dispõe sobre as diretrizes de aplicação dos recursos garantidores dos planos administrados pelas entidades fechadas de previdência complementar impõe avaliação e monitoramento de risco e do conflito de interesse. Entre os quesitos de análise, consta fundamentos do ESG.

Ainda no âmbito financeiro, o Banco Central Brasileiro, na Resolução 4327/14 exige adoção de política de Responsabilidade Socioambiental pelas instituições financeiras. Cada vez mais, os fundamentos do ESG são fatores decisivos de investimento.

Estão surgindo resoluções e documentos com força de lei em todos os lugares do mundo, nos âmbitos locais, regionais, nacionais e continentais, mudando a forma das empresas se posicionarem nos mercados.

Finalmente

Os padrões de comparação e ordenação usados pelos tomadores de decisão de investimentos assim como executivos das empresas para avaliar o ESG das empresas são muito diferentes ainda. Até porque os critérios não são idênticos e tem relação com o negócio também. Especialistas da Research Affiliates, uma empresa de análises financeiras e gestão de carteiras, estudaram o assunto em profundidade e afirmam que o ESG não pode ser considerado ainda como um fator de risco de investimento, mas já é um tema discutido nos investimentos.

Conceitualmente, os fatores de sustentabilidade deveriam ser observados por todos os comitês, por todas as áreas da empresa, de forma transversal. Mas os impactos socioambientais e de governança no negócio ainda são um tema que requer entendimento. Por isso, uma estrutura dedicada a ele, como a criação de um conselho de sustentabilidade nas corporações, é defendida por alguns autores dedicados ao tema. (Sonia Favoretto e Glaucia Térreo, 2020)

Esse livro foca em empresas menores, então, o tema pode e deve ser incorporado à pauta do CA mas em geral talvez não necessite de um conselho segregado para tal. No entanto, o ESG deve ser colocado nas análises de risco sistematicamente (como padrão), e deve haver comunicação com as partes interessadas para disseminar o compromisso da empresa com o ESG no longo prazo e fazendo parte dos valores da empresa.

Finalmente, ratifico que considero irreversível essa tendência e sugiro fortemente a você, tomador de decisão em sua empresa, considerar o ESG nas regras internas e no seu dia a dia, além de pautar regularmente esse tema em sua reunião de conselho antes de um grande cliente ou uma lei te obrigar. Nesse momento ainda é vantagem competitiva, mas está deixando de ser rapidamente.

Conclusões

Numa empresa familiar, o que dificulta o processo de mudança são questões subjetivas que passam pela ética e moral. São ntos muitas vezes não reais que se formam ao longo da vida, entre eles estão os valores, atitudes, estilo de gerenciar, comportamentos e ações.

Em empresas familiares, o conflito principal-principal é o mais relevante e deve ser considerado foco das ações de mitigação. O Maior desafio é equilibrar as pressões do negócio com as necessidades da família.

Os artigos pesquisados demonstram que o problema é mundial. No entanto, algumas culturas (o anglo-saxão por exemplo) tem mais facilidade de implementar uma governança corporativa. Nos países latinos é fundamental implementar a governança corporativa antes da sucessão do fundador(a).

Tanto no viés contábil, operacional ou financeiro podemos constatar que o projeto de montar um CA "enxuto" é rentável e vantajoso à empresa. Mesmo nos casos em que o CA não alcança o resultado esperado integralmente, somente a introdução de temas "estratégicos" nas discussões da alta gestão da empresa já agrega valor à companhia. Importante reforçar que para conseguir custos baixos de implementação é necessário seguir as dicas deixadas aqui no livro.

Com os mesmos membros e, portanto, o mesmo custo, sem a presença do CEO, é possível construir um Conselho fiscal que acumularia também auditoria, ética entre outros temas de foco mais controlador. Para o número de membros não se tornar "par" pode-se diminuir assentos destinados a sócios. O conselheiro externo especialista em finanças e contabilidade deve presidir esse Conselho Fiscal.

Mais de um terço das empresas familiares simplesmente não tem estratégia, assim como não cogitam iniciar processo sucessório. O objetivo principal do Conselho é maximizar o retorno dos ativos e investimentos. Para isso, compete a ele desenvolver questões estratégicas, como na busca de novos negócios e na criação de vantagens competitivas duradouras. Finalmente, definir diretrizes estratégicas trata-se de um dos principais focos do CA e é uma das principais lacunas nas administrações familiares.

A estruturação do conselho familiar assim como elaboração do protocolo, por vezes demanda anos ou até década. Sem antecipar essa discussão a empresa está fadada a entrar na estatística de morte onde 75% das empresas familiares brasileiras fecham após serem sucedidas pelos herdeiros e de cada 100 empresas apenas 7 ou menos chegam a terceira geração. Um profissional qualificado pode e deve ser contratado para arbitrar conflitos se for necessário. A criação do CA está entre as principais ações para perenizar a empresa.

A presença de pessoas externas, com mandato definido e assinado, qualificadas e isentas nas discussões e no CA é uma medida essencial para dirimir conflitos e focar no resultado de longo prazo da empresa.

O capítulo 4 não é um conjunto de receitas mágicas para obter performance numa empresa familiar. É necessário maturidade e aprofundamento de cada realidade empresarial para verificar quais medidas serão mais eficazes em cada caso.

No final do capítulo 5, pode-se visualizar duas listas: a de CONFLITOS foco do Capítulo 3, e a de AÇÕES MITIGADORAS DE GOVERNANÇA presente no Capítulo 4. As ações podem ser implementadas sem custo adicional às empresas ou com custo muitíssimo reduzido, mas exigem "patrocinador". Sem a vontade de quem "manda" na empresa, será ineficaz ou pouco efetivo. Mais um motivo para criar o CA. Essa determinação deve ser dada ao CEO pelo CA.

A Política de dividendos constantes e a manutenção de poder ao fundador patriarca o nomeando presidente do CA são medidas fundamentais para a sensibilização ou convencimento da implementação dessa governança corporativa proposta no livro.

O crescimento da importância do ESG é irreversível e essa tendência veio para ficar. Recomendo fortemente a você, tomador de decisão em sua empresa, considerar o ESG nas regras internas e no seu dia a dia, além de pautar regularmente esse tema em sua reunião de conselho antes que um grande cliente ou uma lei te obrigue. Nesse momento ainda é vantagem competitiva, mas está deixando de ser rapidamente.

Espero sinceramente ter contribuído para sua empresa ou para empresa que atua ainda que minimamente.

Anotações

Anotações

Anotações

Kirios®
GRÁFICA
www.kirios.com.br